VERLAG ANTJE
KUNSTMANN

W0074596

Maude Barlow

DAS WASSER GEHÖRT UNS ALLEN!

Wie wir den Schutz des Wassers in die öffentliche Hand nehmen können

Aus dem Englischen
von Wolfgang Müller

Verlag Antje Kunstmann

Für Andrew, der immer da ist

INHALT

EINFÜHRUNG

Wasser hat ein vollkommenes Gedächtnis.
Es versucht immer, zu seinem Ursprungsort
zurückzukehren.

Toni Morrison

Dies ist ein Buch über Hoffnung.

Es ist eine Geschichte über normale Menschen, die die Wasserressourcen ihrer Gemeinden und das allgemeine Menschenrecht auf Wasser verteidigen. Sie wollen sicherstellen, dass es jetzt und für immer ein öffentliches Gut bleibt und niemals unter die Kontrolle privater, gewinnorientierter Interessen gerät.

Es ist ein Buch über eine Graswurzelbewegung, die sich mit der globalen Wasserkrise beschäftigt. Diese sei am besten zu meistern, so das gängige Argument, wenn man das Wasser kommerzialisiere und dem Markt die Entscheidung über den Zugang überlasse.

Aber es ist keine Geschichte über blauäugige Menschen. Sie stellt sich frontal einigen höchst beunruhigenden Tatsachen, ohne deren Anerkennung es keinen Fortschritt gibt.

Im Mai 2016 veröffentlichte das Umweltprogramm der UNO (UNEP) die umfassendste Umweltstudie in der Geschichte der Vereinten Nationen. Bei ihrer Vorstellung bezeichnete UNEP die Wasserknappheit als die Geißel der Menschheit und stellte einen direkten Zusammenhang her zu der fortgesetzten Ausbeutung der Böden und Wälder, die die Süßwasserspeicher der Welt wieder auffüllen. Im März 2018 verband die UN-Wasser die Veröffentlichung ihres jährlichen Weltwasserberichts mit einer düsteren Warnung: Wenn wir unsere Gewohnheiten nicht ändern, könnten in dreißig Jahren fünf Milliarden Menschen unter ernstem Wassermangel leiden. Schon heute leben 3,6 Millarden Menschen in Gebieten, wo in mindestens einem Monat pro Jahr Wasserknappheit herrscht. Diese Zahl könnte bis zum Jahr 2050 auf 5,7 Milliarden anwachsen.

Zusätzlich zum Wassermangel haben in vielen Weltgegenden die Menschen keinen Zugang zu sauberem Wasser. Ein Bericht der Weltgesundheitsorganisation vom April 2017 warnte, dass mindestens zwei Milliarden Menschen auf der Welt täglich mit Fakälien verschmutztes Wasser trinken und dass jedes Jahr mehr als eine halbe Million Menschen daran sterben. Laut WaterAid stirbt alle zwei Minuten ein Kind unter fünf Jahren an Durchfallerkrankungen, die durch verseuchtes Wasser und unzureichende Toiletten verursacht werden. Und laut UNO werden überall auf der Welt noch immer 80 % der durch menschliche Aktivitäten erzeugten Abwässer vollkommen ungeklärt in Flüsse geleitet.

Manche machen den Klimawandel für die Wasserkrise verantwortlich. Zwar stimmt, dass von Menschen verursachte Treibhausgasemissionen dem Wasserkreislauf und den natürlichen Wasserspeichersystemen schaden, allerdings stimmt auch, dass unser aktiver, kollektiver Wassermissbrauch ein weiterer wesentlicher Grund für die sich verschärfende Krise ist. Wir verändern nicht nur das Klima, indem wir den Planeten aufheizen, wir verseuchen auch dessen Wassersysteme, stauen und brauchen sie auf, zapfen sie an, leiten sie um. Wir verändern Landschaften und die lokalen hydrologischen Kreisläufe, schaffen in manchen Gebieten Wüsten und verursachen in anderen katastrophale Fluten. Gemeinden, die wegen Armut, Ungleichheit und Diskriminierung ohnehin schon ohne sauberes Wasser leben müssen, sehen sich jetzt zusätzlichen Gefahren ausgesetzt, wenn Wasserquellen vor Ort austrocknen oder für gewinnorientierte Ziele benutzt werden.

Zwei Bevölkerungsgruppen trifft die globale Wasserkrise besonders. Die Versorgung der Familie mit Wasser gehört in vielen Weltgegenden zur vornehmlichen Aufgabe der Frauen, die dafür jeden Tag stundenlang zu Fuß gehen müssen. Oft nehmen sie dabei ihre Töchter mit, die deshalb die Schule versäumen. Mädchen verweigern manchmal den Schulbesuch auch deshalb, weil sie dort keine sanitären Einrichtungen vorfinden, die angemessen und sicher sind. Laut UNO sind Frauen allein im subsaharischen Afrika insgesamt 200 Millionen Stunden täglich bzw. 40 Milliarden Stunden jährlich damit beschäftigt, Wasser zu holen. In einer Welt, in der mehr Menschen Zugang zu Mobiltelefonen haben als zu einer Toilette, müssen Frauen und Mädchen, die ohne Toilette leben, jeden Tag insgesamt 266 Millionen Stunden dafür aufwenden, um einen Ort mit Toilette aufzusuchen.

Besonders indigene Völker sind überall auf der Welt von der Wasserkrise bedroht. Sie leben öfter in kleineren und abgelegeneren Gemeinden und verfügen über weniger kollektive Macht, um sich gegen große Rohstoffkonzerne wehren zu können, die auf ihrem Territorium die lokale Wasserversorgung beeinträchtigen. Zusammen mit Landarbeitern ohne Grundbesitz und kleinen Bauern gehören die indigenen Völker zu den gefährdesten Randgruppen, die für die industrielle Verschmutzung ihrer Wasserversorgung und einer mangelhaften Sanitärversorgung besonders anfällig sind. Zusammen mit extremer Armut sind es diese Faktoren, die ihnen den Zugang zu sauberem Trinkwasser vorenthalten. Diese Zustände sind aber nicht auf den Globalen Süden beschränkt. Doppelt so viele amerikanische Ureinwohner wie der Rest der amerikanischen Bevölkerung leben in Armut, und 7,5 % ihrer Häuser verfügen nicht über die grundlegenden sanitären Einrichtungen oder sauberes Trinkwasser. Die Wahrscheinlichkeit, dass die Häuser in den Gemeinden der Ureinwohner Kanadas nicht über fließendes Wasser oder Toiletten verfügen, ist um 90 % höher als in der kanadischen Bevölkerung im Allgemeinen.

In meinen vorherigen Büchern habe ich darauf hingewiesen, dass wir alle zusammen zwei Dinge bekämpfen müssen: die ökologische Bedrohung eines Planeten, auf dem immer weniger Menschen Zugang zu sauberem Wasser haben, und die schreiende Ungerechtigkeit, die die Statistiken offenbaren. Außerdem müssen wir unbedingt begreifen, dass die Wasserkrise nicht nur in armen Ländern ein Problem ist, sondern weltweit. Viele Industriestaaten machen die Erfahrung ernster Wasserknappheit, und die im Globalen Süden existierende Ungleichheit tritt zunehmend auch in den wohlhabenderen Staaten des Globalen Nordens auf.

Das heißt, wir können und wir müssen eine internationale Bewegung schaffen, die für Wassergerechtigkeit für alle kämpft.

In meinem Buch aus dem Jahr 2013, *Blaue Zukunft. Das*

Recht auf Wasser und wie wir es schützen können, habe ich dargelegt, dass eine wassersichere und wassergerechte Zukunft auf der Umsetzung von vier Grundsätzen fußt:

1. Wasser ist ein Menschenrecht und eine Frage der Gerechtigkeit, nicht von Almosen.
2. Wasser ist ein Menschheitserbe und ein öffentliches Gut. Deshalb darf über den Zugang zu Wasser nicht von privaten, profitorientierten Interessen entschieden werden.
3. Wasser hat Rechte über den Dienst am Menschen hinaus, es muss für das Ökosystem und andere Lebewesen respektiert und geschützt werden.
4. Wasser darf nicht zu Konflikt und Spaltung führen, es kann ein Geschenk der Natur an uns sein. Es kann uns lehren, auf diesem Planeten leichter und in Harmonie zusammenleben zu können.

Tatsächlich hat es bei einigen Punkten Fortschritte gegeben. Nach einem langen, erbitterten Kampf hat eine Mehrheit der Länder in der UNO anerkannt, dass Wasser und sanitäre Versorgung fundamentale Menschenrechte sind. Der Widerstand gegen die Übernahme von lokalen Wasserversorgern durch private, transnationale Wasserkonzerne ist gewachsen. In vielen Fällen konnten Kommunen die Kontrolle über ihre Wasserversorgung zurückerlangen. In den letzten Jahren ist auch der Widerstand gegen Flaschenwasser gewachsen. Vor allem junge Menschen wissen inzwischen um das Ausmaß des ökologischen Fußabdrucks dieser Branche. Auch sind überall auf der Welt Bewegungen wie die Global Alliance for the Rights of Nature entstanden, die die Anerkennung von Rechtsordnungen vorantreiben, welche die ureigenen Rechte der Natur achten und fördern.

Das markiert den Fortschritt auf der Makroebene, aber auch auf der kleineren, lokaleren Ebene ist Fortschritt zu verzeichnen – durch die um sich greifende Blue-Community-Bewegung. In den letzten zehn Jahren haben sich immer mehr Kommunen und zivilgesellschaftliche Institutionen zu Blue Communities erklärt und verpflichtet, das Menschenrecht auf Wasser zu verteidigen und die Verschmutzung durch Plastik einzudämmen. Das ist eine spannende und hoffnungsvolle Entwicklung, ein wesentlicher Aspekt der facettenreichen Bewegung zum Schutz des Wassers, der echte und positve Ergebnisse zeitigt.

Eine Blue Community beachtet drei fundamentale Grundsätze.

1. Eine Blue Community verpflichtet sich, Wasser und Sanitärversorgung als Menschenrechte zu schützen und zu fördern. Dies steht in Einklang mit der Resolution der Vereinten Nationen von 2010, die beinhaltet, dass Wasser und Sanitärversorgung fundamentale Menschenrechte sind und dass diese Wasserdienstleistungen niemandem verweigert werden dürfen, weil er sie nicht bezahlen kann.

2. Eine Blue Community verpflichtet sich, Wasser als öffentliches Gut zu schützen, indem sie im Besitz der öffentlichen Hand befindliche, von dieser finanzierte und betriebene Wasser- und Abwasserdienste fördert. Alle Entscheidungen über den Zugang zu Wasser und Sanitärversorgung müssen von den Menschen und ihren gewählten Vertretern und dürfen

nicht von einem gewinnorientierten Investor getroffen werden.

3. Wo der Zugang zu sauberem, öffentlichem Wasser gewährleistet ist, untersagt eine Blue Community Flaschenwasser in kommunalen Einrichtungen und bei kommunalen Veranstaltungen oder stellt deren Verkauf schrittweise ein. Stattdessen fördert sie das eigene Leitungswasser als sichere und verlässliche Quelle von Trinkwasser. Diese Maßnahme allein wird die Plastikkrise des Paneten nicht lösen, aber sie spielt doch eine wichige Rolle, um den verheerenden ökologischen Fußabdruck der Wasserkonzerne zu verringern.

Das Blue-Community-Projekt begann 2009 in Kanada als Reaktion auf die Politik der damaligen konservativen Regierung, die die Privatisierung der Wasserversorger mit dem Argument vorantrieb, dadurch könnten die Kommunen Geld sparen. Allen Städten und Gemeinden, die sich zur Verbesserung ihrer Wasserinfrastruktur einer öffentlich-privaten-Partnerschaft (ÖPP) verweigerten, strich die Regierung die Bundesmittel. Das Council of Canadians (eine Bürgerrechtsbewegung) verbündete sich mit der Canadian Union of Public Employees (eine Gewerkschaft für den Öffentlichen Dienst) und der Eau Secours in Quebec (eine Organisation für verantwortungsvolle Wasserwirtschaft), um das Blue-Community-Projekt ins Leben zu rufen und die Kommunen bei der Abwehr der unerwünschten Privatisierung zu unterstützen. Bis jetzt haben sich 22 kanadische Kommunen den Prinzipien der Blue Communities verpflichtet.

Aber das Konzept blieb nicht auf Kanada beschränkt.

Anfangs überraschte es uns, dass es auch in anderen Welt-gegenden Fuß fasste: Städte wie Bern, Paris, Thessaloniki und Berlin erklärten sich in öffentlichkeitswirksamen Zere-monien zu Blue Communities. Die Bewegung dehnte sich weiter aus. Universitäten, Gewerkschaften und glaubensba-sierte Organisationen übernahmen unsere Grundsätze, wurden ebenfalls Blue Communities und verpflichteten sich, Wasser und das Menschenrecht auf Wasser auf vielfäl-tige Weise zu schützen. Viele halten das Konzept für vielver-sprechend, weil sie es angesichts der vielen Bedrohungen für Umwelt und Menschenrechte als einen positiven Schritt nach vorn empfinden.

Für mich persönlich ist der Kampf für Wassergerechtig-keit eine gewaltige Reise gewesen. Die Suche nach der Lö-sung für die Wasserkrisen, die die Ökologie und alle Lebe-wesen des Planeten bedrohen, hat mich von den Vereinten Nationen und internationalen Konferenzen bis in die schrecklichsten Slums geführt.

Obwohl ich der festen Überzeugung bin, dass wir auf al-len Regierungsebenen gute und starke Gesetze brauchen, um die Ökosysteme und die Menschen vor der bevorste-henden Weltwasserkrise zu bewahren, so finden die von uns selbst unternommenen, wirksamsten Schritte auf loka-ler Ebene statt.

Dieses Buch spiegelt den Traum von einer Welt, die BLUE wird, eine COMMUNITY nach der anderen.

KAPITEL EINS

DER KAMPF GEGEN DIE WASSERKONZERNE

Seit 1985 bin ich von Wasser besessen. Brian Mulroney war gerade zum kanadischen Premierminister gewählt worden. Seine politischen Verbündeten, der amerikanische Präsident Ronald Reagan und die britische Premierministerin Margaret Thatcher, waren die lautesten Globalisierungstrommler und Verfechter einer konzernfreundlichen Politik der Privatisierung, der Deregulierung und des Freihandels. Kurz nach seinem Amtsantritt hielt Premierminister Mulroney im Economic Club in New York City eine Rede vor der versammelten Wirtschaftselite. Dort verkündete er, dass Kanada »open for business« sei, lobte Präsident Reagan und versprach neue militärische Zusammenarbeit zwischen den beiden Ländern und ein Ende der Beschränkungen für amerikanische Investitionen in Kanada.

Es kam also nicht überraschend, dass Reagan und Mulroney schon bald Verhandlungen über ein Freihandelsabkommen zwischen Kanada und den USA ankündigten, das erste der modernen Freihandelsabkommen und Muster für das spätere Nordamerikanische Freihandelsabkommen (NAFTA), die Welthandelsorganisation (WTO) und Tausende andere bilaterale Handels- und Investitionsabkommen zwischen Ländern. Anders als bei früheren Freihandelsabkommen ging es jetzt aber weniger um die Senkung von

Warenzöllen – von denen die meisten ohnehin schon abgeschafft waren –, sondern mehr um den Aufbau eines integrierten nordamerikanischen Marktes, in dem die Grenzen fast völlig beseitigt wären und die Regierungen sich aus geschäftlichen Belangen heraushalten würden.

Ronald Reagan konzentrierte sich voll auf seine Agenda: erhöhte Militärausgaben, Deregulierung des Umweltschutzes, Steuererleichterungen für Reiche und Konzerne sowie Förderung des jüdisch-christlichen Weltbildes der Bevölkerungsmehrheit. Aus Angst, ein Freihandelsabkommen könne Reagan die Macht bescheren, das Sozialversicherungssystem sowie die Außen- und Rohstoffpolitik Kanadas infrage zu stellen, begannen viele Menschen, die sich für soziale Gerechtigkeit einsetzten, sich zu wehren. Wir gründeten das Council for Canadians, um unabhängige Sozial-, Rohstoff-, Kultur- und Außenpolitik für unser Land zu unterstützen und der rechten Agenda der Regierung Reagan Widerstand zu leisten. Ein besonders sensibles Terrain war die Frage, ob das geplante Handelsabkommen den Amerikanern Zugang zu Kanadas Rohstoffen verschaffen würde – vor allem zu Energie und Wasser. Während die Auseinandersetzungen um den Zugang zu Kanadas Wasservorräten zunehmend erbitterter geführt wurde, begann ich diesen Punkt genauer zu beobachten.

Ich las den umfangreichen Text des geplanten Freihandelsabkommens und stolperte im Anhang über die Liste aller Güter, die unter die Regeln des Vertrags fielen. Zu meiner großen Überraschung waren da auch »Wasser, einschließlich [...] Mineralwasser [...] Eis und Schnee« aufgeführt. Da in dem Vertrag eindeutig festgelegt war, dass keines der Unterzeichnerländer den Handel oder Export der aufgeführten Güter einschränken könnte, läuteten bei mir sämtliche Alarmglocken. Schon seit Generationen waren immer wieder verschiedenartige Pläne bekannt geworden, große Wassermengen an die USA zu verkaufen und mit Pipelines und Aquaedukten, Tunneln und Staudämmen abzuleiten. Diese ersten Versuche zur Kommerzialisierung unserer Wasserressourcen hatten die Kanadier jedoch abgewehrt. Dass so ein Plan - die Kommerzialisierung von Wasserexporten, erlaubt und geschützt durch ein Freihandelsabkommen – wieder seine Fratze zeigte, erschreckte mich und war der Anlass, warum ich mich auf eine Entdeckungsreise nach den Hintergründen begab.

Es stellte sich heraus, dass ich recht hatte. Dieses und andere Freihandelsabkommen stellen tatsächlich eine ernste Bedrohung dar für das Wasser als öffentlichem Gut und den Schutz des Wassers an sich. Allerdings dauerte es einige Jahre, bis das offenbar wurde.

In der Zwischenzeit fragte ich mich: *Wem gehört das Wasser, und wer hat die Entscheidungsgewalt über diese wertvolle Ressource?* Ich hatte immer angenommen, dass das Wasser uns allen gehört. Aber ich sollte lernen, dass die Welt ihre Wasserreserven schon damals strapazierte und dass eine Anzahl privater Unternehmen sich anschickte, die wachsende Wasserknappheit zu kontrollieren und von ihr zu profitieren. Ich machte mich genau zu der Zeit auf meine Entdeckungsreise, als die weltweite Kommerzialisierung des Wassers ernste Formen anzunehmen begann.

Privatisierung von Wasserversorgern

In den späten 1980ern verkaufte Großbritanniens Premierministerin Margaret Thatcher im Rahmen des Kürzungsprogramms ihrer Regierung die öffentlichen Wasserversorgungsunternehmen von England und Wales. Seitdem sind die Wasserpreise um über 40 % gestiegen, und die Konzerne, die die Wasserversorgung übernommen hatten, wurden berüchtigt für ihre fürchterliche Verschmutzungsbilanz, ihre astronomischen Vorstandsgehälter und -boni und ihre umfangreichen Steuervermeidungstricks. Dreißig Jahre später haben laut einem Artikel im *Independent* vom Juni 2017 die in Großbritannien tätigen privaten Wasserunternehmen Milliarden an ihre Anteilseigner ausgeschüttet und zur Finanzierung der Gewinne ihre Staatschulden erhöht. Sie erzielten in den letzten zehn Jahren einen Gewinn nach Steuern von insgesamt fast 25 Milliarden US-Dollar. In jener Zeit wurde die Wasserprivatisierung als eine wagemutige neue Frontier der wirtschaftlichen Globalisierung betrachtet, mit der Regierungen Geld sparen würden. Thatchers Experiment löste einen weltweiten Dominoeffekt bei Wasserprivatisierungen aus.

Die Weltbank spielte schnell mit: Sie machte die Privatisierung der Wasserversorgung zu einer Bedingung für die Unterstützung armer Länder im Globalen Süden. Das gehörte zum Programm einer »Strukturanpassung«, die diesen Ländern den Zutritt zur globalen Marktwirtschaft ermöglichen sollte, indem sie im Gegenzug für einen Schuldenerlass lebenswichtige Dienstleistungen privatisierten. Im Laufe der 1990er Jahre steigerten die Weltbank und andere regionale Entwicklungsbanken die Darlehen dramatisch, die an die Verpflichtung des Empfängerlandes gekoppelt waren, Wasserwirtschaft und -versorgung zu privatisieren. In vielen Fällen wählten die Banken die privaten Wasserversorger aus – oft waren das die Wasserabteilungen der beiden französischen Großkonzerne Suez Environment und Veolia Water. Sie unterzeichneten sogar die Verträge und ließen die Regierungen vor Ort komplett außen vor.

Große Institutionen begannen, von Wasser als einer Ware zu sprechen. Auf einer Konferenz in Dublin 1992 erklärten die Vereinten Nationen zum ersten Mal, dass Wasser als »im Wettbewerb stehend« einen »ökonomischen Wert« habe und als »ökonomisches Gut« begriffen werden solle. Diese Definition benutzte die Privatwirtschaft, um für private Wasserversorgung zu werben, und sie war das erste Signal, dass die UNO sich dem Standpunkt annäherte, Wasser als Ware und nicht mehr als Gemeingut zu betrachten. Suez und Veolia schlossen sich dem UN Global Compact an – eine umstrittene Initiative, die einige der schlimmsten Umweltverschmutzer unter den Konzernen zu freiwilligen Umwelt- und Menschenrechtsstandards verpflichten will – und beteiligten sich schon bald intensiv am Entwurf der im Jahr 2000 bei einer Konferenz der Vereinten Nationen postulierten Millenniums-Entwicklungsziele.

1993 präsentierte die Weltbank mit Verweis auf den »Widerwillen« der Armen, für ihre Wasserversorgung zu bezahlen, eine neue Politik und erklärte, Wasser solle wie ein Wirtschaftsgut mit der Gewichtung auf Effizienz, Finanzdisziplin und volle Kostendeckung behandelt werden. Die Absicht war, in arme Länder investierenden Wasserunternehmen zu garantieren, dass sie sowohl ihre Investitionskosten erwirtschaften als auch ihren Investoren durch je nach Bedarf erhöhte Wasserpreise einen Gewinn bescheren konnten.

Neue Institutionen entstanden. Der Weltwasserrat, der sich selbst als internationale Denkfabrik für Wasserpolitik bezeichnet, wurde 1997 gegründet, um die Interessen der privaten Wasserunternehmen voranzutreiben. Er wird von der Weltbank sowie einigen Organisationen und Interessengruppen in der UNO finanziert, was ihm eine hohe Glaubwürdigkeit verleiht. Alle großen privaten Wasserversorger sind Gründungsmitglieder, ebenso viele Investmentbanken und die International Water Association, in der über 500 Unternehmen vereinigt sind. Alle drei Jahre veranstaltet der Weltwasserrat das Weltwasserforum, ein Vorzeigeprojekt der privaten Wasserwirtschaft. Tausende Regierungsbeamte aus aller Welt reisen an, um sich über die »Vorteile« der Wasserprivatisierung schlau zu machen.

2008 schuf die Weltbank auch die 2030 Water Resources Group, um sich von ihr zu Wasserpolitik im Globalen Süden beraten zu lassen und wie das Wasserziel für nachhaltige Entwicklung der Vereinten Nationen zu realisieren sei. Zu ihren Partnern zählen die großen Wasserversorgungsunternehmen wie Suez, die großen Flaschenwasserproduzenten Nestlé, Coca-Cola und PepsiCo, Biergiganten wie Anheuser-Busch und Chemieunternehmen wie Dow. Alle sind große transnationale Konzerne, die das Wasser des Planeten privatisieren, kommerzialisieren, ausbeuten und verschmutzen. Ihnen allen verleiht die Tatsache Glaubwürdigkeit, dass auch die Weltbank, das Entwicklungsprogramm der Vereinten Nationen und das Weltwirtschaftsforum (die Stiftung, die jedes Jahr die Konzern- und Regierungseliten in die Schweiz nach Davos einlädt) Gründungsmitglieder der 2030 Water Resources Group sind.

Diese Geschichte der Privatisierung der Wasserversorgung ist gut dokumentiert. Um ihre Gewinnziele zu erreichen, sparten die privaten Wasserunternehmen beim Schutz der Wasserqualität, bei den Diensteistungen und bei den Investitionen in den Gewässerschutz. Auch wenn sie vertraglich zusichern, die Preise auf einem bestimmten Niveau zu halten, erhöhen sie üblicherweise die Wasserpreise und entlassen im Durchschnitt einen von drei der Beschäftigten des übernommenen öffentlichen Unternehmens.

Die Allgemeinheit hat das Nachsehen, wenn Kommunalbeamte die Verantwortung für und die Kontrolle über diese lebenswichtige öffentliche Dienstleistung abgeben. Private Wasserunternehmen sind gegenüber ihren Anteilseignern verantwortlich, nicht gegenüber den Menschen, die sie versorgen. Oft informieren sie die Öffentlichkeit nur eingeschränkt über ihre Arbeit.

Private Wasserdienstleister verlangen höhere Preise. In einer Studie von 2016 stellte die Food & Water Watch aus Washington D.C. fest, dass Privatunternehmen für Trinkwasser 59 % und für Abwasser 63 % mehr verlangten als öffentliche Versorger.

Trotz scharfen Widerstands gegen die Privatisierung von Wasserdienstleistungen wachsen die Unternehmen weiter. Sie erobern sich in Ländern wie Indien, Brasilien und China neue Märkte. Laut ihren Webseiten beschäftigen die beiden größten transnationalen Wasserkonzerne – Suez und Veolia – zusammen 250.000 Menschen und verbuchten 2017 einen Nettogewinn von über 60 Milliarden US-Dollar.

Steigende Wasserpreise

Die Privatisierung von Wasserversorgern trägt dazu bei, dass überall auf der Welt die Wasserpreise steigen, was wiederum dazu führt, dass Haushalten, die ihre Rechnungen nicht bezahlen können, das Wasser abgestellt wird. Global Water Intelligence, das führende Sprachrohr der internationalen pivaten Wasserindustrie, stellte in seinem Jahresbericht vom Oktober 2017 fest, dass die Wasserpreise weltweit doppelt so stark gestiegen seien wie die globale Inflationsrate.

Nach einer Untersuchung im Mai 2017 von Circle of Blue, einem gemeinnützigen Netzwerk von auf Wasserthemen spezialisierten Journalisten und Wissenschaftlern, sind in Amerika die Wasserpreise seit 2010 um 51 % gestiegen und werden für möglicherweise bis zu einem Drittel aller Amerikaner zu einer so großen Last, dass sie ihre monatliche Wasserrechnung nicht bezahlen können.

Food & Water Watch berichtet, dass in Amerika die Rechnungen für Wasser in den letzten 15 Jahren dreimal so stark gestiegen sind wie die Inflationsrate, während die Haushaltseinkommen laut U.S. Census Bureau zwischen 2000 und 2014 um mehr als 3.500 US-Dollar zurückgegangen sind. Das ist für Amerikaner mit niedrigem Einkommen zu einer Gefahr geworden. In *America's Secret Water Crisis* berichtete Food & Water Watch im Oktober 2018, dass nach konservativer Schätzung im Jahr 2016 mindestens 25 Millionen Menschen in Amerika das Wasser abgestellt wurde. Detroit, Michigan, hat in den letzten Jahren zehntausenden Menschen die Wasserversorgung gekappt – zumeist Armen, Arbeitslosen und Afroamerikanern, die zusammen etwa 83 % von Detroits Bevölkerung ausmachen.

In armen Ländern treffen Wasserabsperrungen zwangsläuig die Wehrlosesten als Erste. Während des akuten Wassermangels in São Paulo, Brasilien, von 2014 bis 2017 traf es die Bewohner der Favelas, die ohnehin Tag für Tag um sauberes Wasser zu kämpfen haben, als Erste und am härtesten. Wasser wird dort nicht in den einzelnen Haushalt geleitet, sondern oft für die ganze Gemeinde durch ein einziges Wasserrohr. Eine gedrosselte Wasserzufuhr kann bedeuten, dass in einer Gemeinde überhaupt kein Wasser ankommt. Wenn es Wasser für eine ganze Stadt nur eingeschränkt gibt, kaufen sich die Reichen privat Wasser.

Sogar Familien mit eigenem Wasseranschluss sind gefährdet. Auf dem Gipfel der Knappheit lernte ich in einem Arbeitervorort von São Paulo Familien kennen, die in ihrem Keller nach Wasser gebohrt hatten. Fließendes Wasser hatten sie nur zweimal am Tag für je eine Stunde, um sechs Uhr morgens und um zehn Uhr abends. Das Wasser war oft von minderer Qualität.

Die Lage ist explosiv: eine weltweit zurückgehende Menge an sauberem Wasser, wachsende Armut und Ungleichheit in und zwischen Ländern, steigende Wasserpreise, die Millionen nicht mehr bezahlen können.

Wasser in Plastikflaschen

Während ich mich in das Thema vertiefte, darüber recherchierte und schrieb, nahm die Kommerzialisierung einer anderen Wasserquelle einen rasanten Aufschwung. Flaschenwasser ist natürlich nichts Neues, aber es wurde zunächst für die Reichen erfunden, und es wurde in Glasflaschen verkauft. Was als gehobenes, vornehmlich auf Europa beschränktes Konsumprodukt begann, entwickelte sich zu einer der am schnellsten wachsenden Branchen der Welt.

In den 1970ern wurden jährlich etwa eine Milliarde Liter verkauft. 2017 ist die Menge auf 391 Milliarden Liter angestiegen, und laut Transparency Market Research wird der jährliche Verbrauch von Flaschenwasser 2020 465 Milliarden Liter mit einen Umsatz von 300 Milliarden US-Dollar betragen. Das meiste Flaschenwasser wird inzwischen in Plastikflaschen verkauft. Ein neuer Trend in Lateinamerika ist der Verkauf kleiner, mit Wasser gefüllter Plastikbeutel, die hunderterweise in großen Plastiktaschen verkauft werden und von den Menschen in den Mund gesteckt und jederzeit »ausgelutscht« werden können.

Nestlé Waters ist der Weltmarktführer für Flaschenwasser. Die 1992 von Nestlé gegründete Produktsparte beschäftigt knapp 34.000 Menschen in 34 Ländern und besitzt 49 unterschiedliche Marken, darunter Poland Spring, San Pellegrino, Perrier und Nestlé Pure Life, die größte Flaschenwassermarke der Welt. Nestlé Waters gibt seinen Jahresumsatz 2017 mit knapp 8 Milliarden US-Dollar an.

Die Wassersparten anderer großer Unternehmen wie Coca-Colas Dasani und Smartwater sowie PepsiCos Aquafina wachsen so schnell, dass 2016 in Amerika zum erstenmal mehr Umsatz mit Wasser als mit Softdrinks gemacht wurde.

Die Flaschenwasserindustrie begegnet Kritik mit dem Argument, dass sie insgesamt weniger Wasser verbrauche als andere große Nutzer von Brauchwasser wie zum Beispiel die Agrarindustrie. Allerdings stammt das von ihnen abgefüllte und verkaufte Wasser aus einzelnen Quellen und Brunnen und kann so großen Gebieten einer Kommune das Wasser entziehen.

2000 errichtete Coca-Cola eine Abfüllanlage in Plachimada im südindischen Bundesstaat Kerala. In den folgenden Jahren registrierten die Bauern vor Ort, dass ihr Grundwasserpegel sank und das restliche Wasser verunreinigt war. 2004 durfte ich mich an einigen Tagen Frauen aus den Dörfern anschließen, die vor der Anlage jeden Morgen Protestwache hielten. Der Protest hatte schließlich Erfolg: Drei Jahre später musste das Werk schließen. Nach eigener Aussage haben die Dorfbewohner bis zum heutigen Tag keine Entschädigung für den Verlust ihrer Lebensgrundlage erhalten. Vier weitere Flaschenwasserfabriken von Coca-Cola haben seitdem in Indien schließen müssen, weil die Gemeinden in der Umgebung von ernster Wasserknappheit bedroht waren.

Bürger der winzigen Gemeinde Osceola in Michigan kämpfen gegen Nestlés Plan, statt derzeit 900 Liter in Zukunft 1600 Liter Wasser pro Minute zu fördern. Schon jetzt, sagen die Einwohner laut eines Artikels von Agence France Press im Februar 2018, schädige Nestlés Fabrik Ice Mountain die Umwelt und verweisen auf einen dramatischen Rückgang des Pegelstands des Twin Creek River. Gemeindedirektor Tim Ladd sagte, man brauche kein Geologe oder Hydrologe zu sein, um den Einfluss auf Wasserpegel festzustellen. Die Gemeinde erbost besonders, dass Nestlé lediglich 200 US-Dollar im Jahr an den Bundesstaat Michigan zahlt, um auf dem Gebiet der Gemeinde über 520 Millionen Liter Wasser zu fördern, das der Konzern in Plastikflaschen abfüllt und vertreibt.

Die Gemeinde Vittel in Frankreich ist die Heimat von Vittel Bonne Source, einem der beliebtesten Mineralwasser der Welt. Das Unternehmen ist seit den 1850ern im Geschäft, aber inzwischen wollen viele Einwohner nichts mehr damit zu tun haben. Die Marke gehört seit den frühen 1990ern zu Nestlé und zapft derzeit aus dem Grundwasser unter Vittel pro Jahr eine Milliarde Liter Wasser ab und füllt es jeden Tag in zwei Millionen Flaschen. Als Folge – so *The Telegraph* in einem Artikel vom April 2018 – sinkt der Grundwasserspiegel der Gemeinde. Eine Untersuchung des Büros für Geologie der französischen Regierung ergab, dass der Spiegel seit 1990 um jährlich 30 Zentimeter und in den letzten 40 Jahren um insgesamt zehn Meter abgenommen hat. Wenn diese Entwicklung nicht gestoppt wird, könnte der Ort gezwungen sein, per Rohrleitung aus einem anderen Dorf Wasser zu beziehen, was über 56 Millionen US-Dollar kosten könnte. Den Einwohnern ist klar, dass sie dafür mit höheren Wasserpreisen bezahlen müssen.

Die Einwohner des Verwaltungsbezirks Sululta in Äthiopien bringen zwei Tatsachen nicht unter einen Hut: Einerseits muss die Hälfte von ihnen meilenweit zu Fuß gehen, um aus trüben Quellen Wasser zu schöpfen, andererseits boomt die Industrie in ihrer Gegend und haben die Wassermarke Abyssinia Springs und vier weitere einschlägige Unternehmen Zugang zu reichlich Wasser. Der *Guardian* schreibt im Mai 2017, dass die Lage vor allem deshalb höchst ärgerlich ist, weil die Stadt auf einer Hochebene mit ergiebigen Regenfällen liegt. Tatsächlich bezeichnet die Regierung Äthiopien als den »Wasserturm von Afrika.« Abyssinia Springs, dessen Mehrheit sich im Besitz von Nestlé befindet, pumpt 50.000 Liter pro Stunde aus dem Boden, gleichzeitig müssen viele Einheimische für verschmutztes Wasser aus privaten Brunnen zahlen oder zu Fuß große Entfernungen zurücklegen, um an kostenloses, aber nicht sauberes Wasser zu gelangen. Der fehlende Zugang zu sauberem Wasser und anderen grundlegenden öffentlichen Dienstleistungen führte im November 2015 zum Aufstand. Menschenrechtsgruppen berichten, dass von staatlichen Sicherheitskräften mindestens 600 Menschen getötet wurden.

Im November 2013 berichtete die Watchdog-Organisation SumOfUs in einer Presseveröffentlichung, dass Nestlé vor etwa zehn Jahren einen aggressiven Wasserraub im unter Wassermangel leidenden Pakistan startete. Laut SumOfUs beobachteten die Bewohner des kleinen Dorfes Bhati Dilwan im Punjab, dass ihr Grundwasserspiegel um Hunderte von Metern sank, seit Nestlé das Grundwasser für ihre Flaschenwassermarke Pure Life abpumpte. Die Kinder erkrankten von der stinkenden Brühe, die sie gezwungen waren zu trinken, nachdem ihre flachen Brunnen ausgetrocknet waren.

Das Premium-Flaschenwasser Fiji, das man in teuren Hotels und Restaurants überall auf der Welt findet, ist nach der Inselgruppe in Südpazifik benannt, wo es gefördert wird. 2009 schreibt Anna Lenzer in einem gründlich recherchierten Beitrag für das amerikanische Magazin *Mother Jones*, dass auf der Insel zwei Arten von Wasser verfügbar sind: teures in Plastikflaschen und das aus dem Hahn. Nur Letzteres ist der Mehrheit der armen Bewohner zugänglich. Es kommt durch schadhafte und verunreinigte Leitungen inklusive Typhus- und Gastroenteritis-Bakterien. Regelmäßig leiden die Einheimischen unter Typhus- und Parasiteninfektionen. Lenzer enthüllte außerdem die Tatsache, dass die charakteristische Flasche der Firma in China hergestellt wird, aus Plastik und in einer mit Diesel betriebenen Fabrik, dass die Flaschen dann über Tausende von Kilometern nach Fiji und schließlich nach ihrer Befüllung um die ganze Welt verschifft werden.

Zum schädlichen Einfluss der Flaschenwasserindustrie auf Gemeinwesen, ihre Wasserversorgung und die Menschenrechte ihrer Bewohner kommt der gigantische ökologische Fußabdruck, den sie verursacht. 2009 veröffentlichten die amerikanischen Wissenschaftler Peter Gleick und H. S. Cooley vom Pacific Institute in Kalifornien eine Studie mit dem Titel *Energy Implications of Bottled Water*. Basierend auf dem Umsatz von Flaschenwasser zu jener Zeit errechneten die Wissenschaftler, dass die Energie, um das Wasser aufzubereiten, die Plastikflaschen herzustellen, sie zu reinigen, zu befüllen, zu versiegeln, zu etikettieren und in den Verkauf zu bringen, der Energie von 160 Millionen Barrel Öl entsprach – bis zu zweitausend Mal so viel Energie, um die gleiche Menge Leistungwasser herstellen zu können. Unsere Abhängigkeit von Wasser in Flaschen, schrieben die Autoren, pumpe jährlich etwa 20 Millionen Tonnen Kohlendioxid in die Atmosphäre – das entspricht dem monatlichen Ausstoß von 20 Millionen Einfamilienhäusern. Da sich der Wasserverbrauch seit dieser Studie mehr als verdoppelt hat, wird auch die Energiebilanz der Branche entsprechend angestiegen sein.

Und dann ist da noch der Plastikalptraum. Ein Exklusivbericht des *Guardian*, der im Juni 2017 einschlug wie eine Bombe, enthüllte, dass weltweit in jeder Minute eine Million Plastikflaschen verkauft werden, eine Zahl, die voraussichtlich in den kommenden Jahren dramatisch ansteigen wird. Der Artikel zitiert außerdem das Marktforschungsunternehmen Euromonitor International, das bis 2020 die Produktion von weltweit einer halben Billion Plastikflaschen pro Jahr voraussagt. Zwar werden auch Softdrinks in Plastikflaschen verkauft, aber die bei weitem Hauptschuldigen sind Flaschenwasser und die Ausweitung der »To-Go-Kultur« von der westlichen Welt auf China und in den asiatisch-pazifischen Raum. Eine Reihe mit den inzwischen jedes Jahr verkauften Einweg-Plastikflaschen würde mehr als die Hälfte des Wegs zur Sonne ausmachen.

Verblüffende 91 % aller Plastikflaschen werden nicht recycelt. Da sich Plastik erst nach über 400 Jahren zersetzt, liegen die meisten dieser Flaschen, so ein Sonderbericht des *National Geographic* im Juli 2017, irgendwo auf unserem Planeten herum. Viele landen auf Deponien oder in Seen und Flüssen. Viele enden aber auch in den fünf riesigen Wasserwirbeln der Ozeane, wo sie sich mit Plastikmüll anderer Herkunft zu gewaltigen Plastikmüllinseln zusammenschließen. Wir kippen so viel Plastik in unsere Meere, dass sie 2050 laut einer Untersuchung der Ellen MacArthur Foundation nach Gewicht mehr Plastik als Fische enthalten werden. Die Strände und Inseln des Planeten, sogar die in der Arktis, werden von dieser Verwüstung heimgesucht werden.

Im März 2019 berichteten zahlreiche Medien über den toten Wal, der in den Philippinen mit fast 40 Kilo Plastikmüll im Bauch angeschwemmt wurde, der zu einem festen, verkalkten Klumpen geworden war. Ein im Februar 2019 in Spanien gestrandeter Wal hatte 29 Kilo Plastik in seinem Magen, ein weiterer toter Wal, der im November 2019 an die Küste Indonesiens angeschwemmt wurde, hatte über 1000 Plastikteile geschluckt, darunter Plastiktaschen, 115 Plastiktrinkbecher und zwei Paar Flipflops.

Greenpeace berichtet, dass allein Coca-Cola jedes Jahr über 100 Milliarden Plastikflaschen produziert – 3400 pro Sekunde. Wenn sie wollte, so Greenpeace, könnte die Branche das als rPET bekannte recycelte Plastik verwenden, aber die größten sechs Flaschenwasserkonzerne der Welt verwenden in ihren Produkten im Durchschnitt zusammen nur 6,6 % dieses recycelten Plastiks. Ausschließlich recyceltes Plastik in ihrer weltweiten Produktion einzusetzen, plant keiner der Marktführer.

Wissenschaftler haben bestätigt, dass Menschen, die Meeresfrüchte essen, winzige Plastikteilchen schlucken. *National Geographic* berichtet von Mikroplastikfunden in Vögeln, Fischen und Walen, in Trinkwasser, Bier, Tafelsalz und 114 im Wasser lebenden Tierarten. Im Oktober 2018 schrieb das Magazin, man habe zum ersten Mal Mikroplastik in menschlichem Stuhl festgestellt, und stellte die beunruhigende Frage: Können Nanofasern aus Plastik, die etwa fünfmal dünner sind als menschliche Haare, in den menschlichen Blutkreislauf, das Lymphsystem oder sogar in die Leber eines Menschen gelangen?

Mikroplastik findet sich nicht nur in offenen Gewässern oder in Leitungswasser. Bei einer aktuellen weltweiten Studie wurde in 93 % des getesteten Flaschenwassers Mikroplastik gefunden. Der kanadische TV-Sender CBC berichtet, dass die in Amerika ansässige gemeinnützige Journalismusorganisation Orb Media Flaschenwasser der 11 großen Marken getestet hat, darunter Nestlé Pure Life, Aquafina, Dasani, Evian und San Pellegrino. Fast alle enthielten Mikroplastik, darunter Polypropylen, Polystyrol, Nylon und Polyethylenterephthalat (PET). Im Durchschnitt fanden sich pro Liter 10,4 Plastikpartikel, die 100 Mikron (0,1 Millimeter) oder größer waren. Das ist doppelt so viel wie in Leitungswasser, das Orb Media in über einem Dutzend Länder auf allen Kontinenten untersuchte.

Jetzt rächt sich unsere Abhängigkeit von Flaschenwasser.

Die vielen Gesichter der Wasserkommerzialisierung

Mein anfängliches Interesse daran, wie Freihandelsabkommen wie NAFTA unser Wasser gefährden, verstärkte sich, als ich zu verstehen begann, wie das Menschenrecht auf Wasser und die Notwendigkeit, es in seinem natürlichen Zustand zu schützen, miteinander verzahnt sind: Je schlechter unser Umgang mit Wasser, je mehr wir es ausbeuten und verschmutzen, desto weniger würde übrig bleiben, um es gerecht zu verteilen. Und wenn nicht genug zum Verteilen da ist, dann leiden die Wehrlosen zuerst und am meisten. Seit ich diesen Zusammenhang begriffen hatte, kämpfte ich umso entschlossener gegen die vielfältige private Kontrolle über das Wasser unseres Planeten.

Die Privatisierung kommunaler Wasserversorger und die Flaschenwasserindustrie sind nur zwei der vielen und zunehmenden Formen der Kommerzialisierung von Wasser, die überall auf der Welt existieren.

Der Handel mit Wasser, manchmal auch als Handel mit Wasserrechten bezeichnet, ist der kommerzielle Austausch von Wasserrechten, die vom Land getrennt als Ware ge- und verkauft werden können.

1981 führte der chilenische Diktator Augusto Pinochet ein drakonisches Wassergesetz ein, das die Privatisierung von Wasserrechten und die Trennung der Kontrolle über das Land und das Wasser erlaubte. Das ermöglichte den unbeschränkten Kauf und Verkauf von Wasser, verwandelte es in ein handelbares Gut und gewährte dem neuen »Besitzer« uneingeschränkte und kostenlose Wasserrechte auf Dauer. Sind die Wasserrechte erst einmal veräußert, schreibt Sara Larraín von der Umweltorganisation Chile Sustainable 2012 in ihrem Bericht *Human Rights and Market Rules in Chile's Water Conflicts*, dann mischt sich die Regierung nicht mehr ein. Die Verteilung des Wassers regelt ein Wassermarkt: Private Besitzer von Wasserrechten können diese verpachten, kaufen und verkaufen wie jede andere Handelsware. So konzentrierte sich der Besitz von Chiles Wasser in den Händen von Exportunternehmen in den Bereichen Wasserkraft, Bergbau und Agrarindustrie.

75 % des Abbaus von Mineralien in Chile befinden sich in der Hand privater, zumeist ausländischer Unternehmen. Drei Privatfirmen besitzen über 90 % der Wasserrechte für die Energiegewinnung. Die großteils für den Export produzierende Agrarindustrie verbraucht fast 85 % des Wassers. Da transnationale Bergbau-, Agrar- und andere Unternehmen die Kontrolle über die Wasserressourcen des Landes übernommen haben, fehlt es den Dörfern, den bäuerlichen Gemeinden und der indigenen Bevölkerung auf dem Land an Wasser. Außerdem schreibt Sara Larraín, dass die exportorientierte Agrarindustrie massiv Pestizide, Herbizide und Kunstdünger einsetzt und sich um die Folgen der Umweltverschmutzung und Übernutzung nicht zu scheren scheint.

Auf der anderen Seite der Weltkugel etablierte Australien 1993 einen Wassermarkt und hoffte, die Möglichkeit zum Verkauf überschüssigen Wassers würde die Bauern zum Sparen animieren. Zwar wird 65 % des Wassers im Murray-Darling-Becken aus Umweltschutzgründen zurückgehalten, dennoch bleibt eine Wassermenge, deren Wert etwa 11 Milliarden US-Dollar beträgt, für den Handel am Wassermarkt verfügbar. Damit hat die Regierung unabsichtlich einen offenen Wettbewerb entfesselt. Seitdem kaufen und verkaufen Broker, die keinerlei staatlicher Regulierung unterliegen, Wasser zu exorbitanten Preisen.

Musste man für eine Million Liter im Jahr 2000 zwei australische Dollar zahlen, so war der Preis 2014 auf 1500 Dollar angestiegen und 2018 kostete die gleiche Menge privates Premiumwasser 2500 Dollar. Das australische Wirtschaftsblatt *INTHEBLACK* bezeichnete im November 2017 den Wasserinvestor David Williams als eine neue Sorte »Wasserbaron«, die durch den Handel mit Wasser reich geworden sei. Williams nennt sich selbst am liebsten und ohne Scham einen »Wasserbanditen«. Vor einigen Jahren investierte er 10 Millionen australische Dollar in ein Wasserrechtegeschäft in Tasmanien: Sein Gewinn wächst jährlich um 20 %. Australien leidet inzwischen unter permanenter Dürre, sagt die Regierung. Ihre privaten Wasservorräte werden Williams und andere Wasserbarone in den kommenden Jahren noch reicher machen.

Die Beispiele sind keine Einzelfälle, der Handel mit Wasser ist in Nordamerika an der Tagesordnung und wird auch in wasserarmen Ländern wie zum Beispiel Spanien vorangetrieben. Wasserrechte entstanden im amerikanischen Westen im 19. Jahrhundert und nahmen Anfang des 20. Gesetzesform an. Mit dem Versprechen auf dauerhaften Zugang zu großen Mengen Wasser sollten Siedler, Viehzüchter und Bergarbeiter aus dem Osten angelockt werden. »First in time first in use«, lautete der Slogan. Diese Wasserrechte werden seitdem von Generation zu Generation weitergegeben. In den letzten Jahren haben eine Reihe dieser Rechteinhaber begonnen, mit ihren Wasserrechten zu handeln und so aus Dürreperioden vor Ort Profit zu ziehen. Besitzer großer Farmen in Kalifornien verkaufen Wasserkontingente an neue Erschließungsprojekte und Industrieansiedlungen, und der texanische Milliardär T. Boone Pickens kaufte aus dem bedrohten Ogallala-Grundwasserleiter Wasser, das er an private Wasserversorger weiterverkaufte.

Im Globalen Süden handeln große multinationale Bergbau- und Ölkonzerne manchmal mit Wasserrechten, wenn sie durch Verträge mit Kommunalverwaltungen Zugang zu lokalen Wasserquellen erhalten. Diese Unternehmen gelangen oft für Jahrzehnte an Wasser und an Steuererleichterungen, da die Regierungen verzweifelt um ausländische Investitionen werben.

Gemäß den NAFTA-Bestimmungen musste 2010 die kanadische Regierung 131 Millionen US-Dollar an ein amerikanisches Unternehmen aus der Holzindustrie für die Wasserrechte zahlen, die es nicht mehr benötigte, als es ohne Vorwarnung seine 100 Jahre alte Zellstoff- und Papierfabrik in Neufundland stilllegte. Nur zwei Jahre später änderte die Regierung das Fischereigesetz, um Bergbaugesellschaften zu erlauben, Seen zu »tailings impoundment areas« (vulgo Abraumhalden) umzuwidmen, wo sie ihren Giftmüll entsorgen können, ohne Bestimmungen der Umweltschutzgesetze zu verletzen. Im Kern privatisierte diese Maßnahme ganze Seen zur Nutzung durch die Bergbaugesellschaften.

Bergbau verbraucht und verschmutzt viel Wasser. Zum Bohren und Auswaschen von Bodenschätzen sind gewaltige Mengen erforderlich. Weil oft Chemikalien zugesetzt werden müssen (zum Beispiel Zyanid bei der Goldförderung oder Arsen beim Uranabbau) ist die Umweltverschmutzung beträchtlich. Neben diesen umweltbelastenden Zusatzstoffen ist beim Bohren und Waschen der Abfluss selbst kontaminiert. Diese Faktoren führen oft zu Konflikten mit den Gemeinden vor Ort, da deren Bedarf an Wasser hinter den Interessen der Industrie zurückstehen muss.

Laut einem Artikel im *Guardian* vom Juli 2017 sind in den letzten Jahren Hunderte Gold- und Kupferminen entstanden, um den wachsenden Bedarf an den Mineralien zu befriedigen, die für die Herstellung von elektronischen Geräten benötigt werden. Guatemala hat seit 2007 hauptsächlich an kanadische Unternehmen über 350 neue Bergbaulizenzen vergeben. Weitere 600 sind in Bearbeitung. Gab es 1997 in den Philippinen 17 Minen, so sind heute fast 50 Großprojekte in Betrieb.

Fast an allen Standorten dieser Großprojekte gibt es Ärger wegen des Wassers und der Kontrolle, die die Unternehmen über die lokalen Wasserreserven ausüben. Philippe Sibaud von der Hilfsorganisation Gaia Foundation ist Autor mehrerer umfangreicher Berichte über Menschenrechtsverletzungen durch die Bergbauindustrie. Er sagt, dass überall in Lateinamerika, Asien und Afrika ausländische Bergbaukonzerne die Kontrolle über Flüsse und Ökosysteme übernehmen und die Rechte einheimischer Bauern und indigener Gemeinden missachtet werden.

Auf meinen Reisen in den Globalen Süden lernte ich eine andere zerstörerische Form des Wasserdiebstahls kennen – Wasser- und Landgrabbing. Beim Landgrabbing kaufen Regierungen oder Investoren der Agrarindustrie riesige Landflächen im In- oder Ausland auf, um die angebauten Produkte im Inland zu verkaufen oder zu exportieren. Das Worldwatch Institute schätzt, dass sich reiche Investoren der Agrarindustrie in armen Ländern eine Fläche von der dreifachen Größe Großbritanniens angeeignet haben. Viele Pachtverträge laufen über Jahrzehnte, manche über 99 Jahre. Aber Landgrabbing ist nicht auf arme Länder beschränkt. Wegen der Wasserknappheit zu Hause kaufen Unternehmen der Agrar- und Milchwirtschaft aus Saudi-Arabien große Landstriche in Kalifornien und Arizona auf, um Alfalfa als Futterpflanze für ihre heimischen Nutztiere anzubauen.

Saudi-Arabien und China – ein weiterer großer Landgrabber – wissen, dass Landraub auch Wasserraub ist, da zum gekauften oder gepachteten Land immer Wasser gehört. Die Investoren legen nicht nur auf erstklassiges Ackerland Wert, sondern auch auf das Oberflächen- und Grundwasser, das zu dem Land gehört. So werden die Einheimischen vertrieben, die immer von dem Land und seinem Wasser abhängig waren. Diese Agrarindustriebetriebe betreiben Nahrungsmittelproduktion in großem Stil, sie führen Maschinen, Oberflächenbewässerung, chemieabhängige Methoden ein. Egal wo sie produzieren, oft in wasserarmen Weltgegenden, wo Kleinlandwirtschaft und Trockenfeldbau die einzig machbare Methode für das Klima vor Ort ist.

Die Schwester des Wassergrabbings ist virtuelles Wasser – das Wasser, das zur Herstellung von Gütern gebraucht wird, ob Kleidung oder Computer, und das sich in landwirtschaftlichen Produkten wie Rindfleisch, Weizen oder Reis versteckt. Viele dieser Produktionsabläufe sind wasserintensiv, und das Wasser, das zur Herstellung dieser Güter oder Nahrungsmittel benutzt wird, wird »konsumiert«, d.h. es kehrt nicht zurück in das Ökosystem. Wenn die Ware exportiert wird oder auch nur in einen anderen Landesteil transportiert wird, geht das Wasser mit ihr. Das meiste Wasser, das sich um die Welt bewegt, ist virtuelles Wasser, auch wenn die Menschen bei Wasserexporten an Brauchwasser denken, das durch Rohrleitungen, Aquädukte und Kanäle fließt.

Viele reiche Länder schonen ihre eigenen Wasservorräte, indem sie wasserintensive Waren importieren. Zwar können bestimmte Produkte wie Bananen oder Kaffee in kälteren Klimagegenden nicht produziert und müssen deshalb importiert werden, aber Länder gehen auch zunehmend dazu über, Land und Wasser anderer Länder zu benutzen, um sich mit Grundnahrungsmitteln zu versorgen, die sie eigentlich selbst anbauen könnten. Wenn zum Beispiel ein Land ein Kilo Weizen importiert anstatt es selbst zu produzieren, spart es etwa 1350 Liter seiner eigenen Wasserressourcen. Während in der Theorie der Handel mit virtuellem Wasser ermöglichen würde, in wasserreichen Ländern produzierte Waren in Länder mit geringeren Wasservorräten zu exportieren, ist es in der Realität so, dass die wohlhabenden Länder ihre eigene Wassersicherheit erhalten können, indem sie Nahrungsmittel in anderen Ländern anbauen lassen und dann importieren.

Oft wird virtuelles Wasser aus Weltgegenden exportiert, die über viel Land, aber wenig Wasser verfügen und diese begrenzte Wassermenge für die Produktion von Exportwaren verwenden. Kalifornien ist so ein Fall. Die traditionellen Kontingente an Wasserrechten gewähren der in großem Stil produzierenden Agrarindustrie Zugang zu billigem Wasser. So kann Kalifornien viele wasserintensive Waren produzieren und exportieren – zum Beispiel Wein, Blumen, die weltweit meisten Mandeln und gewaltige Mengen an Alfalfa. Australien, der Welt trockenster Kontinent, ist der führende Exporteur von virtuellem Wasser. Es verlässt das Land in Form von Reis, Wein und Baumwolle.

Landgrabbing in Afrika und anderen Regionen mit Wasserstress im Globalen Süden ist besonders erschütternd, weil es die einheimischen Bauern, Landarbeiter und manchmal ganze Gemeinden vertreibt. Amerikanische Hedgefonds kontrollieren inzwischen die Nahrungsmittelproduktion in einer Reihe von afrikanischen Staaten. Länder wie China und Indien vertreiben ihre eigenen Bauern und Gemeinden, um Platz zu schaffen für Freihandelszonen und gewerbliche Entwicklung, und investieren gleichzeitig massiv in Afrika, um den Nahrungsmittelbedarf ihrer wachsenden Bevölkerung und die Konsumwünsche einer neuen wohlhabenden Schicht zu befriedigen. All das setzt die Wasserressourcen des Kontinents unter beispiellosen Druck.

Der weltweit führende Experte auf dem Gebiet virtuelles Wasser ist Arjen Y. Hoekstra, der in Holland an der Universität Twente lehrt und Vorsitzender des Aufsichtsrats des Water Footprint Network ist. Wenn wir das virtuelle Wasser in unserer Nahrung und anderen Konsumgütern einbeziehen, sagt Hoekstra, dann liegt der globale Wasserfußabdruck bei 4000 Litern pro Kopf und Tag – zehn- bis zwölfmal so hoch wie üblicherweise von der UNO und anderen Behörden angegeben. In seiner wegweisenden Studie *The Water Footprint of Humanity* von 2012 setzte Hoekstra die Übernutzung der Wasserreserven des Planeten in Verbindung zum Freihandel. Er stellte fest, dass mehr als ein Fünftel der Weltwasserreserven für den Anbau von Nutzpflanzen und die Produktion von Gütern verwendet wird, die für den Export bestimmt sind. Freihandelsabkommen sind ein weiterer Prozess, durch den Wasser kommerzialisiert wird. Sie sind eng verknüpft mit dem Handel von virtuellem Wasser.

Der moderne Freihandel und Investitionsabkommen kommerzialiseren Wasser auf unterschiedliche Weise. Wasser gilt als handelbares Gut, das den kommerziellen Handelsregeln unterliegt, wie ich erstmals 1985 erfuhr, als ich den beunruhigenden Anhang zum Nordamerikanischen Freihandelsabkommen (NAFTA) las. Diese Definition ist auf die seitdem abgeschlossenen Handels- und Investitionsabkommen übertragen worden. Versucht eine Regierung, einen Handel zu unterbinden, durch den Wasser von einem Land ins andere verkauft wird, kann das auf Basis von Handelsregeln angefochten werden, was die Möglichkeit von Regierungen einschränkt, den Handel mit der bezeichneten »Ware« zu unterbinden.

Die meisten modernen Freihandelsabkommen enthalten auch einklagbare Rechte für Investoren. Die Regelung wird Investitionsschiedsverfahren (ISDS) genannt und gibt ausländischen Unternehmen und Investoren das Recht, gegen Regierungen vorzugehen, wenn diese neue Gesetze beschließen – egal ob es um Umwelt, Gesundheit oder Arbeitnehmerrechte geht. Gleiches gilt für bereits existierende

Gesetze, die so verändert werden, dass der Investor dadurch Geld verlieren könnte. Das Unternehmen kann die Regierung dieses Landes auf Ausgleichzahlungen verklagen. Es gibt inzwischen weltweit über 3.500 bilaterale Abkommen mit ISDS-Regelungen, und Konzerne haben diese schon über 900 Mal angewandt, um Regierungen zu verklagen. Laut der Konferenz der Vereinten Nationen für Handel und Entwicklung fielen die meisten Entscheidungen zugunsten der Konzerne aus.

Nach den Regeln des NAFTA-Abkommens haben Mexiko und Kanada Millionen US-Dollar an amerikanische Unternehmen gezahlt, denen Gesetze zum Schutz von Umwelt und Wasser nicht genehm waren. Dazu gehören ein Verbot des grenzüberschreitenden Handels mit Polychlorierten Biphenylen (PCB), ein Moratorium für Fracking im anfälligen Bereich eines großen Flusses und ein Verbot des Pestizids 2,4-D. Ende 2018 kündigte eine amerikanische Bergbaugesellschaft ein NAFTA-Investitionsschiedsverfahren an, um von der kanadischen Provinz Alberta 1,4 Milliarden US-Dollar einzuklagen, weil diese den Ausstieg aus der Energiegewinnung durch Kohlekraftwerke beschlossen hatte.

Freihandelsabkommen bevorzugen die Privatisierung von Dienstleistungen. Bei Unterzeichnung eines Abkommens kann eine öffentliche Dienstleistung ausgenommen oder geschützt werden. Wenn aber eine Regierung eine Dienstleistung danach privatisiert, ist es schwierig, sie später wieder unter öffentliche Verwaltung zu bringen. Absurderweise wird dieser Vorgang als eine Form der Enteignung der Rechte des ausländischen Privatunternehmens betrachtet. Wenn zum Beispiel eine Kommune beschließt, für ihre Wasserversorgung eine öffentlich-private Partnerschaft einzugehen, muss sie sich dem Wettbewerb mit privaten in- und ausländischen Wasserversorgern öffnen. Wenn sie den Vertrag mit einem ausländischen Unternehmen abgeschlossen hat, kommt aber zu dem Schluss, einen Fehler begangen zu haben und versucht die Kontrolle über ihre Wasserversorgung zurückzubekommen, dann kann das Unternehmen per ISDS eine Kompensation einklagen.

Der Handel mit Wasserverschmutzungsrechten ist eine weitere Form der Wasserkommerzialisierung. Er ersetzt Regulierungen und Strafen durch ein System, mit dem Unternehmen für ihr Verschmutzungsrecht bezahlen oder mit ihm handeln dürfen. Er befürwortet »Märkte für Umweltgüter«, indem er einem Unternehmen erlaubt, seinen erlaubten Verschmutzungsgrad zu überschreiten, indem dieses einem anderen Unternehmen, das seine Verschmutzungskapazität nicht ausgeschöpft hat, Zertifikate abkauft. In einem Bericht vom November 2015 stellte die Rechtsabteilung von Food & Water Watch fest, dass der Handel mit Wasserverschmutzungsrechten den Verschmutzern mehr Kontrolle verschafft. Er erlaube Brokern, die mit Wasser handeln, ins Geschäft zu kommen, und reduziere die demokratische Kontrolle über kommunales Wasser. Der Bericht schildert mit beunruhigenden Details, dass Großverschmutzer wie Massentierhaltungsbetriebe neue Wege gefunden hätten, die Gesetze zu umgehen. Der Handel mit Wasserverschmutzungsrechten habe dort, wo er in den USA praktiziert wird, nicht nur die Wasserqualität nicht verbessert, er habe sogar den Clean Water Act, das Bundesgesetz zur Reinhaltung des Wassers, unterlaufen.

Ein gigantischer Wettstreit

In den Jahren meiner Entdeckungsreise hat die Welt eine tiefgreifende politische Metamorphose durchgemacht, die das Konzept von Wasser als einer natürlichen Ressource, die allen gehört, verändert hat. Sicher ist Wasser über Jahrhunderte und oft ohne jede Rücksicht als Werkzeug für industrielle Entwicklung benutzt worden – aber immer unter der Annahme, dass der Nachschub unendlich sei. Die Nationen wurden reich, und die Menschen sahen ihre Regierungen in der Verantwortung, für grundlegende Dienstleistungen wie umfassende Bildung, medizinische Versorgung und sauberes Wasser für alle zu sorgen. Der allgemeine Zugang zu Wasser ist in vielen Teilen der industrialisierten Welt die Norm. Selbst in Ländern, wo die Armen, die am Rande Lebenden und die wegen Rasse, Religion oder Kaste Diskriminierten keinen gleichberechtigten Zugang zu Wasser haben, war es doch erklärtes Ziel von Regierungen, Wasser für alle zur Verfügung zu stellen. Doch die Auffassung von universellen Rechten wurde in Frage gestellt von einem politischen und wirtschaftlichen Narrativ, nach dem man sich ohne Skrupel alles unter den Nagel reißen konnte.

Mit der aufkommenden Globalisierung der Wirtschaft ab Ende der 1970er verfielen die meisten Regierungen und internationalen Institutionen einem Wirtschafts- und Entwicklungsmodell, das auf dem Glauben gründete, die Märkte könnten sich selbst regulieren – was gut ist für den Markt, ist gut für uns alle. Das Modell beinhaltet Grenzen für die Rolle von Regierungen, Privatisierung von öffentlichen Dienstleistungen, Deregulierung von Umweltbestimmungen und Abbau bürokratischer Vorschriften, konzern-

freundliche Freihandelsabkommen und Steuererleichterungen für Reiche und Unternehmen in deren landeswei-
tem Wettbewerb um Investitionen.

In diesen Jahren entwickelten sich viele national operie-
rende Unternehmen zu multinationalen Konzernen. Sie ent-
wuchsen ihrem heimischen Markt und nutzten ihr techno-
logisches Know-how und den Rückhalt der Gesetze der
wirtschaftlichen Globalisierung, um ihre Produktion in
Niedriglohnländer zu verlagern, wo Umweltgesetze entweder nicht existierten oder nicht durchgesetzt wurden. Mit
der Zeit wuchsen manche Multis zu transnationalen Konzernen heran – Gebilde, die über die Grenzen ihres Her-
kunftlandes hinauswuchsen. Ein anderer Terminus für
diese Konzerngiganten ist metanational. Das sind Unternehmen, die im Grunde staatenlos sind und als Gegenspie-
ler faktisch nur noch gegen Nationalstaaten um die Macht
kämpfen. Metanationale Konzerne können ihren juristischen Sitz in einem Land, ihr Management in einem anderen, ihr Kapital in einem dritten und ihr Personal für Verwaltung und Produktion überall auf der Welt haben.

Außerdem verstecken transnationale Konzerne ihre Ge-
winne in Steueroasen und berauben Regierungen ihrer für
Sozialprogramme und Infrastruktur benötigten Einkünfte.
Das britische Tax Justice Network nennt diese Praxis »Ge-
winnverlagerung«. Im März 2017 berichtete sie basierend
auf Zahlen des World Institute for Development Economics
Research der Vereinten Nationen, der weltweite Verlust an
Steuereinahmen betrage pro Jahr über 500 Milliarden US-
Dollar.

Eine Untersuchung fand 2016 heraus, dass von den 100
größten Volkswirtschaften bzw. Wirtschaftsunternehmen

der Welt 69 Konzerne (statt 63 im Vorjahr) und nur 31 Länder waren. Die britische Anti-Armut-Organisation Global Justice Now berichtete, dass die zehn größten Konzerne, einschließlich Walmart, Apple und Shell, mehr Geld verdienen als die meisten Länder der Welt zusammengenommen. Walmart ist größer als Spanien, Australien und Holland, Royal Dutch Shell ist größer als Mexiko und Schweden, Toyota ist größer als Indien, Belgien und Russland, Berkshire Hathaway ist größer als Saudi-Arabien.

In der Zeitschrift *Foreign Policy* schreibt der Experte für internationale Beziehungen, Parag Khanna, dass es bei dieser Entwicklung nicht nur um neue Wege des Geldverdienens gehe, sie erschüttere auch die Definition von einer »globalen Supermacht«. Die Welt betrete ein Zeitalter, in dem das mächtigste Gesetz nicht von einem souveränen Staat, sondern von Angebot und Nachfrage bestimmt werde.

Um ihre Bedürfnisse befriedigen zu können, wird es in dieser neuen Welt für die unersättlichen Konzerne lebenswichtig, die Ressourcen und erst recht den Zugang zu ihnen zu kontrollieren. Boden und Wälder, Mineralien und Energie sind allesamt unentbehrlich für die globale Wirtschaft. Das Gleiche gilt für Wasser. Die Wissenschaftlerin und Aktivistin für internationale Nahrungsmittelgerechtigkeit, Vandana Shiva, sagt, die spekulative Wirtschaft der globalen Finanzindustrie sei um ein Vielfaches größer als der Wert der weltweit produzierten realen Güter und Dienstleistungen. Das Finanzkapital lechze nach Investitionen und Renditen auf seine Investitionen. Es müsse für seinen Erfolg alles auf dem Planeten kommerzialisieren – Land und Wasser, Pflanzen und Gene, Mikroben und Säugetiere.

Unterstützt von so mächtigen Institutionen wie der Weltbank, Teilen der Vereinten Nationen und auch vielen politischen Führern, wird Wasser zunehmend als Handelsobjekt betrachtet, das man auf dem freien Markt kaufen und verkaufen kann. Ständig wird über knappe Wasserressourcen entschieden: Soll das Wasser Dorfbewohnern, Kleinbauern und Gemeinden zur Verfügung stehen, oder soll es Freihandelszonen, Gewerbegebieten und Hochtechnologiezentren zugute kommen? In vielen Institutionen, Industriezweigen und Regierungen gilt Wasser als das »blaue Gold« und wird von privaten Interessen vereinnahmt.

Zusätzlich zu diesen Methoden der Kommerzialisierung besitzen und betreiben private Unternehmen Dämme, Infrastruktur, Nanotechnologie, Entsalzungs- und Wasseraufbereitungsanlagen, mit denen Regierungen auf der Suche nach technologischen Lösungen für ihre Wasserkrisen suchen. Privatunternehmen kaufen Land und Wasser, um die wachsende Biokraftstoffindustrie zu kontrollieren. Privatunternehmen kooperieren mit Regierungen, um Pipelines zu verlegen und die Infrastruktur für Wassersysteme zu schaffen. Privatunternehmen kippen ihre Abfälle in öffentliche Gewässer, die so im Grunde kommerzialisert werden, da sie nun für die lokale Bevölkerung nicht mehr zugänglich sind. Banken, Pensionsfonds und globale Investmentfirmen haben Portfolios aufgelegt, damit normale Anleger die Gewinne der Wasserkommerzialisierung einheimsen können.

Viele große Banken und börsennotierte Unternehmen schaffen neue oder vergrößern ihre bestehenden Wasserportfolios. James McWhinney, ein amerikanischer Anlagefondsberater, schreibt für das Online-Investment-Journal

Investopedia. In einem Blog aus dem Februar 2018 stellt McWhinney fest, dass Wasser die Quelle allen Lebens, als knappes Gut aber auch ein großartiges Feld für Portfolio-Diversifizierung sei, und listet einige große Indizes mit Wasserinvestments auf: den Dow Jones U.S. Water Index mit einem Börsenwert von 150 Millionen US-Dollar; den ISE B&S Water Index mit mehr als 35 verschiedenen Aktientiteln; den S&P Global Water Index mit über 50 Unternehmen der Wasserindustrie und viele andere.

Global Water Intelligence (GWI), der Herausgeber von Berichten und Forschungsergebnissen für den internationalen privaten Wassermarkt, sagte im August 2018 den Wassermärkten eine rosige Zukunft voraus. 2018, so hieß es, habe der Wert des globalen Wassermarktes bei 770 Milliarden US-Dollar gelegen und sei auf bestem Weg, bis 2023 auf 915 Milliarden US-Dollar anzusteigen. Angetrieben durch eine sich erholende Weltwirtschaft, große Wasserinfrastrukturpläne, steigende Produktion im Bergbau, neue Entsalzungsprojekte und einen wachsenden globalen Rohstoffmarkt wachse der globale Wassermarkt, so GWI-Herausgeber Christopher Gasson, so schnell wie seit 2010 nicht mehr. Aber er sah auch einen Zusammenhang zwischen starken Wassermärkten und der Erholung der Ölpreise sowie der ansteigenden Produktion von fossilen Brennstoffen, einschließlich Fracking, und verwies auf die vielfältige Art, wie Wasser bei der Gewinnung von fossilen Energieträgern gebraucht werde.

Mit anderen Worten: Das Wachstum in den Sektoren fossile Brennstoffe, Bergbau und Agrarindustrie – alles entscheidende Ursachen für die Wasserkrise auf unserem Planeten – ist für Investoren großartig.

Kein Wunder, dass die wirtschaftswissenschaftlichen Fakultäten überall auf der Welt ihren Studenten beibringen, der einzige Weg zur Lösung der globalen Wasserkrise liege darin, Wasser wie Öl und Gas zu behandeln und den Markt über Preis und Wert entscheiden zu lassen. Was sie normalerweise nicht diskutieren, ist, wer und wie viele ohne Wasser auskommen müssen, wenn der skrupellose Markt, den sie geschaffen haben, den Preis in Höhen treibt, die für Abermillionen unerreichbar sind.

KAPITEL ZWEI

DIE ENTSTEHUNG DES GLOBAL WATER JUSTICE MOVEMENT

Der Aufbau des Global Water Justice Movement als Gegenbewegung zur Wasserprivatisierung war mir und Tausenden anderen »Wasserkriegern« überall auf der Welt eine
Herzensangelegenheit. Wir wollten das Wasser schützen
und alles Leben, das darauf angewiesen ist. Es ist eine wah-
re David-gegen-Goliath-Geschichte.

Nachdem ich in den 1980ern darauf gestoßen war, dass
Wasser in Handelsabkommen als handelbare Ware und von
den Vereinten Nationen als Wirtschaftsgut betrachtet wurde, las ich alles, was ich darüber in die Finger bekommen
konnte. Allerdings gab es damals kaum Analytisches zum
Thema. Jede Menge ausgezeichneter Untersuchungen gab
es über den Einfluss von Strukturanpassungsprogrammen
im Globalen Süden: wie arme Länder im Austausch für
Schuldenerlass oder Unterstützung durch die Weltbank und
andere regionale Entwicklungsbanken zur Anwendung neo-
liberaler Wirtschaftspolitik gezwungen wurden. Aber erst
als Margaret Thatcher die Wasserversorgung in Großbritannien privatisierte und die Weltbank ihre Wasserprivatisie-
rungsprojekte als Teil ihrer Strukturanpassungsprogram-
me auflegte, konnten wir die Punkte verbinden.

1994 wurde ich nach San Francisco zum Gründungstref-
fen des International Forum on Globalization (IFG) eingela-

den, eine Versammlung wegweisender Denker und Aktivisten, die der Politik der wirtschaftlichen Globalisierung etwas entgegenstellen wollten. Eins der Schlüsselthemen war, welche Auswirkung die Politik der Privatisierung, der Deregulierung und des Freihandels auf Gemeinden überall auf der Welt hat. Wir schauten uns an, welchen Einfluss diese politischen Trends auf den Zugang zu und die Kontrolle über ihre Ressourcen vor Ort hatten – den Boden, die Wälder, die Mineralien, das Wasser, die grundlegenden Dinge, die man zum Überleben braucht. Das war der perfekte Ausgangspunkt für eine Untersuchung, und 2001 veröffentlichte das IFG meinen ersten Wasserbericht mit dem Titel *Blue Gold: The World Water Crisis and the Commodification of the World's Water Supply*. Wir übersetzten den Bericht in viele Sprachen und schickten ihn hinaus in die Welt. Die Resonanz war unglaublich.

Aus allen Teilen der Welt meldeten sich Gemeinden, die gegen die Privatisierung ihrer Wasserversorgung kämpften, gegen Flaschenwasserbetriebe, transnationale Bergbaugesellschaften und andere Unternehmen, die durch Regierungsverträge Zugang zu deren Wasser erlangt hatten. Ich schrieb weiter Bücher und viele Berichte zum Thema Wasser, aber die Reaktion auf diesen ersten Bericht machte mir klar, dass wir, die uns um das Wasser Sorgen machten, zueinander finden mussten – und zwar schnell.

Spielverderber

Der Weltwasserrat, der die Interessen der privaten Wasserwirtschaft unterstützt, wurde im März 1997 in Marrakesch, Marokko, gegründet und veranstaltete dort sein erstes klei nes Forum. Das erste große öffentliche Forum, an dem 6.000 Menschen teilnahmen, ging im März 2000 in Den Haag über die Bühne. Die parallel stattfindende Wassermesse besuchten 32.000 Menschen. In den kalten, zugigen Sälen der alten Gebäude, wo das Forum abgehalten wurde, versammelten sich auch einige Versprengte aus verschiedenen Ländern und riefen als Gegenbewegung zur Privatisierungs-Agenda des Wasserrats das Blue Planet Project ins Leben. Wir waren ein globales Netzwerk von Aktivisten für Wassergerechtigkeit, das kurz darauf sein Koordinationsbüro in Ottawa einrichtete. Wir waren nicht Teil des offiziellen Programms des Wasserrrats, aber wir störten viele Veranstaltungen der Weltbank und der großen Wasserkonzerne und fanden so mit unseren gegensätzlichen Auffassungen viel Beachtung in den Medien. Das war meine erste große persönliche Konfrontation mit den »Lords of Water«, wie ich sie nannte. Es sollte nicht meine letzte bleiben.

Das dritte Weltwasserforum fand drei Jahre später in Kyoto, Japan, statt. Inzwischen hatte sich unsere Bewegung stabilisiert, sodass unser Auftritt beim Forum ein vollkommen anderer war. Das Blue Planet Project, die Internationale der Öffentlichen Dienste und andere Anti-Privatisierungsgruppen waren offiziell eingeladen und konnten in renommierten Diskussionsrunden sprechen. Ich wurde eingeladen, schon vorher zu einem Treffen mit einem der Hauptveranstalter des Forums nach Japan zu reisen. Ich brachte ihm und seiner Frau als Gastgeschenk eins der wunderschönen Sumi-e-Tuschebilder meiner Mutter mit – ein Rotkehlchen auf einem schneebedeckten Baumzweig. Ich wurde auch eingeladen, als Co-Vorsitzende eine wichtige Plattform über Wassergovernance zu leiten. Es war klar, dass die mächtigen Player im Weltwasserrat immer noch hofften, dass sie uns einbinden könnten. Wir nutzten die Gelegenheit und stellten die offizielle Zukunftsvision des Weltwasserrats in Frage, die lautete, öffentlich-private Partnerschaften zu unterstützen, und veröffentlichten unsere eigene, alternative Zukunftsvision und verschafften damit der noch jungen Bewegung für Wassergerechtigkeit in Japan Rückenwind.

Als im März 2006 in Mexiko-Stadt das vierte Weltwasserforum stattfand, waren wir organisatorisch und zahlenmäßig schon so stark, dass wir eine eigene Parallelveranstaltung aufziehen konnten. Wir starteten das International Forum in the Defense of Water mit einem Marsch durch die Straßen der Stadt, an dem 35.000 Menschen teilnahmen. Über 1000 Aktivisten, Kleinbauern, Wissenschaftler und Regierungsbeamte nahmen an unserer Veranstaltung teil, die mit einer Kundgebung und einem Konzert auf der berühmten Plaza der Stadt stattfand, dem Zócalo, wo ich vor 20.000 Menschen eine Rede über das Recht auf Wasser hielt. Das war das erste und das letzte Mal, dass ich mich wie ein Rockstar fühlte.

Mit jedem dieser Foren wuchs unser Einfluss und wurde die Organisation unserer Bewegung effizienter. Der Widerstand gegen Wasserprivatisierungen in vielen Ländern trug zur Stärkung einer Graswurzelbewegung bei, die sich über die ganze Welt ausbreitete. Eigentlich aber fand der erste »Wasserkrieg« schon zur Zeit des ersten Weltwasserforums 1997 statt, in Cochabamba, Bolivien.

Dort waren die Menschen gegen Bechtel aufgestanden, das private Wasserunternehmen, mit dem die Regierung im Austausch für Gelder der Weltbank einen Vertrag geschlossen hatte. Das Unternehmen hob nicht nur die Wasserpreise so an, dass sie für die hauptsächlich indigene Bevölkerung nicht mehr zu bezahlen waren, es beanspruchte auch das vom Himmel fallende Wasser für sich und bestrafte jeden, der Regenwasser auffing. Die Menschen gründeten die Coalition in Defence of Water and Life, eine der weltweit ersten Widerstandsgruppen gegen die Wasserprivatisierung. Die Regierung schickte die Armee, um die Straßenproteste zu ersticken. Demonstranten wurden verprügelt, ein junger Mann getötet. Aber die Menschen jagten das Unternehmen aus der Stadt und vertrieben auch Suez, den privaten Wasserversorger der Hauptstadt La Paz.

Ich habe Bolivien nach diesen Kämpfen einige Male besucht und Oscar Olivera, Schuster von Beruf und einer der Köpfe des Widerstands, gefragt, woher er den Mut genommen habe, sich für ihr Wasser gegen die Armee zu stellen. »Lieber sterbe ich an einer Kugel als an Durst«, lautete die einfache Antwort.

Ähnliche Widerstandsbemühungen gab es überall in Lateinamerika, wo sich die ersten Frontlinien der Wasserkriege herausbildeten. 1992 hatte die Regierung von Mexiko ein Gesetz verabschiedet, das die Privatisierung der Wasserversorgung im Land vorantreiben sollte. Binnen eines Jahrzehnts lag die Wasserversorgung in vielen Kommunen in der Hand ausländischer Unternehmen. Das führte zur Bildung der Coalition of Mexican Organizations for the Right to Water. Eine ähnliche Gruppe in Ecuador, die Coalition for the Defence of Water, zwang den Bürgermeister der Hauptstadt Quito ein geplantes Privatisierungsvorhaben abzublasen. Im November 2002 nahmen in Buenos Aires, Argentinien, 7000 Bürger an einer Konferenz teil, um gegen die

Suez-Tochter zu protestieren, die fast ein Jahrzehnt die städtische Wasserversorgung betrieben und Unmengen verunreinigtes Wasser in den Río de la Plata geleitet hatte.

Eine bedeutende Wegmarke setzte das folgende Jahr. Im August 2003 formierte sich eine Koalition aus Graswurzelnetzwerken der beiden Amerikas namens Red VIDA – Inter-American Vigilance for the Defence and the Right to Water. Uns allen war klar, dass wir desto stärker würden, je mehr Gruppen und Gemeinden zusammenarbeiteten. Die Gründungserklärung der Koalition bezeichnete Wasser als »ein öffentliches Gut, das als unveräußerliches Menschenrecht von allen Bewohnern des Planeten geschützt und gefördert werden muss«.

Marcela Olivera ist Gründungsmitglied von Red VIDA, Lateinamerika-Koordinatorin für Food & Water Watch und Oscars jüngere Schwester. Die Siege, die sie in Lateinamerika errungen hätten, seien ohne dieses Netzwerk nicht möglich gewesen, sagt sie. Die persönlichen Begegnungen und die auf Vertrauen und Respekt beruhenden persönlichen Beziehungen seien im Kampf gegen die Wasserprivatisierung ausschlaggebend gewesen. Zwar erkennt sie an, dass man gewaltige Erfolge für das Wasser in öffentlicher Hand erzielt habe, aber sie sagt auch, dass Widerstand gegen Privatisierung nicht ausreiche. »Wir müssen in der Lage sein, uns Alternativen auszudenken und diese umzusetzen«, schrieb Marcela mir in einer E-Mail. »Wir haben noch einen langen Weg vor uns, bis wir, die Menschen, von Entscheidungen über das Wasser nicht mehr ausgeschlossen werden.«

Widerstand und Wasserkriege gab es nicht nur in Lateinamerika. Die Regierung von Indien hatte sich für eine

National Water Policy entschieden, die möglichst überall private Wasserdienstleistungen forderte. Das öffnete den Wasserbaronen die Schleusen, führte aber auch zu erbittertem Widerstand der Bürger. Mumbai war eine der ersten indischen Städte, in denen der Prozess hin zu einer privaten Wasserversorgung eingeleitet wurde. Sie stellte unter Anleitung der Weltbank ein Konsortium aus ausländischen Wasserunternehmen zusammen, die um einen Vertrag bieten sollten. Die kommunalen Beamten sahen sich jedoch bald einer Koalition aus Sozialaktivisten, Wissenschaftlern und Bürgern gegenüber, die Mumbai Pani gründete – Mumbai Water. Dieses starke Opposition gegen das Projekt führte zu großen Demonstrationen, bei denen es auch zu Festnahmen kam. 2007 nahm Mumbais Stadtverwaltung von den Privatisierungsplänen Abstand und verpflichtete sich zu städtischer Wasserversorgung in öffentlicher Hand.

Die Wasserdienstleistungen in Manila, Philippinen, wurden 1997, die in Jakarta, Indonesien, 1998 in die Hände ausländischer Wasserunternehmen gelegt. In beiden Fällen führte das zu heftigem Widerstand. Im Dezember 2003 wurde in Bangkok von Jubilee South und einigen anderen Menschenrechtsgruppen ein asiatisch-pazifisches Netzwerk zum Schutz des Rechts auf Wasser gegründet. 2007 formierte sich die South African Coalition Against Water Privatization, um die Entscheidung für Suez als Wasserversorger von Johannesburg zu bekämpfen. Überall, wo Wasser privatisiert werden sollte, regte sich auch Widerstand.

Wir trafen uns regelmäßig auf dem Weltsozialforum, einem jährlichen Treffen von Aktivisten, Umweltschützern, Wissenschaftlern, Vertretern indigener Völker und anderen Progressiven, die sich als Kontrapunkt zu der Elite verstehen, die jedes Jahr beim Weltwirtschaftsforum im schweizerischen Davos zusammenkommt. Die Wahl für das erste Weltsozialforum im Januar 2001 fiel auf Porto Alegre, weil in der brasilianischen Stadt eine starke Governance-Bewegung der Bürger existiert und weil es sich einer großartigen öffentlichen Wasserversorgung rühmen darf. Das Weltsozialforum findet jedes Jahr in einer anderen Stadt statt, und bei seiner Rückkehr nach Porto Alegre im Jahr 2005 nahmen erstaunliche 150.000 Menschen daran teil.

Bis zum nächsten Weltwasserforum 2009 hatten wir große Veranstaltungen in Vancouver, Johannesburg, Delhi, Nairobi und Paris abgehalten. Unsere Bewegung hatte eine beträchtliche Menge an internationalen Untersuchungen, Büchern, Reportagen, Dokumentationen und Erfahrungsberichten über den Kampf gegen die Kommerzialisierung des Wassers zusammengetragen. Wir wurden unterstützt von Gewerkschaften des öffentlichen Diensts, darunter die COSATU aus Südafrika und die Canadian Union of Public Employees. Die Internationale der Öffentlichen Dienste, eine Föderation von Gewerkschaften des öffentlichen Sektors, wurde ein wichtiger Partner. Sie arbeitete in der globalen Bewegung für Wassergerechtigkeit mit uns zusammen – beim Blue Planet Project, bei Kampagnen zum Schutz von öffentlicher Wasserversorgung und den in diesem Bereich Beschäftigten, bei der Finanzierung und Veröffentlichung von detaillierten Studien, die wir zur Unterfütterung unserer Argumente einsetzen.

Angesichts unserer Aktivitäten überraschte es kaum, dass uns beim Weltwasserforum 2009 in Istanbul Feindseligkeit entgegenschlug. Auch das Weltwasserforum war in den letzten zehn Jahren größer geworden. Diesmal reisten über 30.000 Teilnehmer aus 182 Ländern an. Zum ersten Mal war ein Treffen von Staatsoberhäuptern mit einer »Ministererklärung« vorgesehen. Auch die Sicherheitsvorkehrungen waren streng. Der türkische Staat hatte mit einer öffentlichen Ausschreibung ausländische Investoren aufgefordert, Kapital für eine umfangreiche Serie von geplanten oder schon im Bau befindlichen Staudämmen und für die Privatisierung von Wasserdienstleistungen bereitzustellen. Schon vor Konferenzbeginn ging die Polizei mit Hunden, Gummigeschossen und Wasserwerfern gegen Demonstranten vor, die vor dem Veranstaltungsgebäude friedlich gegen die Dammprojekte protestierten. Nichttürkische Demonstranten wurden ausgewiesen.

Wir hielten eigene Veranstaltungen ab, aber aufgrund der politischen Kultur in der Türkei war die Atmosphäre angespannter als in Mexiko-Stadt oder Kyoto. In einem der wenigen für oppositionelle Stimmen reservierten Veranstaltungsräume verlas ich eine Erklärung von Pfarrer Miguel d'Escoto Brockmann, damals Präsident der Generalversammlung der Vereinten Nationen. Darin brachte er seinen Widerstand gegen den kommerziellen Charakter des Weltwasserforums zum Ausdruck und rief die Weltbank und die großen Wasserunternehmen auf, das Forum in Zukunft unter dem Dach der UNO zu veranstalten. Bei mehreren Gelegenheiten in dieser Woche fühlte ich mich als Zielscheibe. Als ich beobachtete, wie die Elitegäste vor dem VIP-Eingang eintrafen und von ihren Limousinen in eine private Lounge geführt wurden, wurde ich von einer Bediensteten einer Leibesvisitation unterzogen.

Der Kampf wurde hitziger.

Der Kampf um das Recht auf Wasser

Bei unserer weltweiten Arbeit gegen die Kommerzialisierung des Wassers wurde uns klar, dass das Menschenrecht auf Wasser und Sanitärversorgung der formellen Anerkennung durch die Vereinten Nationen bedurfte. Wasser war nicht in die Allgemeine Erklärung der Menschenrechte von 1948 aufgenommen worden, weil man zu jener Zeit die Menschenrechtsdimension von Wasser noch nicht erkannt hatte und es zudem als praktisch unbegrenzt verfügbar galt. Ein halbes Jahrhundert später spitzte sich der Kampf ums Wasser zu. Wasser gehörte nicht zu den anerkannten Menschenrechten wie die Rechte auf Rede- und Versammlungsfreiheit oder das Verbot der Folter. Das bedeutete, dass politische Entscheidungen rund um den Zugang zu Wasser die Institutionen begünstigte, die die Macht hatten, aus der Wasserkommerzialiserung ihre Vorteile zu ziehen.

Die Lobbyarbeit für eine UN-Resolution zum Recht auf Wasser hatte in den 1990ern mit einem Teilerfolg begonnen, vor allem durch die Annahme der sogenannten Allgemeinen Bemerkung Nr. 15 durch den UN-Ausschuss für wirtschaftliche, soziale und kulturelle Rechte. Darin wurde anerkannt, dass das Recht auf Wasser eine Vorbedingung sei, um andere schon anerkannte Rechte wahrnehmen zu können, und dass Wasser »unverzichtbar ist für ein Leben in Würde«. Zwar begrüßten wir das als einen Schritt vorwärts, beharrten aber darauf, dass eine Allgemeine Bemerkung als eine Interpretation einer anderen UN-Konvention oder eines anderen Vertrags anzusehen, aber selbst kein Vertrag oder keine UN-Konvention sei. 2004 schlossen sich mehrere Organisationen, darunter Brot für die Welt aus

Deutschland, das Right-to-Water-Programm im UN Centre on Housing Rights and Evictions, das europäische Büro von Food & Water Watch und das Blue Planet Project zusammen, um die Friends of the Right to Water zu formieren und sich den Bewegungen rund um die Welt anzuschließen.

Inzwischen führten eine Reihe von Ländern ihre eigenen Gesetze zum Schutz des Rechts auf Wasser ein. Südafrika verabschiedete 1998 den National Water Act, der das seit 1956 geltende Wassergesetz ablöste, das bei der Zuteilung von Wasser nicht nur offen rassistisch gewesen war, sondern auch ungeeignet für ein Land, das unter Wasserstress leidet. In dem als revolutionär bejubelten neuen Gesetz heißt es, das Wasser in Südafrika sei eine natürliche Ressource, die dem ganzen Volk gehöre und in öffentlichem Interesse zu nutzen sei. Es garantiert jedem Haushalt kostenlos eine bestimmte Menge Wasser und berücksichtigt das Prinzip der Subsidiarität, wonach die Verwaltung des Wassers auf der zweckmäßigsten lokalen Ebene angesiedelt ist. Dass in Südafrika aber immer noch keine Wassergerechtigkeit herrscht, ist eine lange und komplizierte Geschichte, die mit der Apartheid-Vergangenheit und der bis heute existierenden Armut und Rassendiskriminierung zu tun hat. Nichtsdestoweniger war das Gesetz ein bedeutender Sieg für die Bewegung für Wassergerechtigkeit in Südafrika und bildete die Grundlage für zukünftige Maßnahmen.

Am 31. Oktober 2004 schrieb auf der anderen Seite des Atlantiks Uruguay Geschichte und erkannte als erstes Land der Welt das Menschenrecht auf Wasser an. Friends of the Earth Uruguay und die gegen die Privatisierung kämpfende National Commission for the Defence of Water and Life sammelten insgesamt 300.000 Unterschriften für ein Referendum, das es mit überwältigender Mehrheit gewannen. Die Unterschriften wurden dem Parlament von einem »Strom aus Menschen« überreicht. Während dieser unglaublichen Kampagne bin ich zweimal nach Uruguay gereist und kann das Engagement und die Opferbereitschaft bezeugen, ohne die dieser Traum nicht hätte wahr werden können. Das Gesetz ist auch heute noch wegweisend: Nicht nur gilt in Uruguay Wasser als Menschenrecht, die Regierung muss bei ihrer Wasserpolitik auch sozialen Erwägungen Vorrang vor ökonomischen geben.

Andere Länder folgten: Kenia, Bolivien, Ecuador, Äthiopien, Frankreich, Belgien und die Niederlande arbeiteten Ergänzungen in ihre Verfassungen ein oder fügten das Recht auf Wasser in ihre Wassergesetze ein. Die UNO stellte im Jahr 2000 ihre Millenniums-Entwicklungsziele vor, in denen sie gelobte, Armut und Hunger auszurotten und die Zahl der Menschen, die keinen Zugang zu sicherem Trinkwasser und sicherer Sanitärversorgung haben, bis 2015 zu halbieren. Innerhalb der UNO wuchs der Druck, mehr zu unternehmen.

Für die Jahre 2008 und 2009 wählte die Generalversammlung der Vereinten Nationen Pfarrer Miguel d'Escoto Brockmann zu ihrem Präsidenten. Er machte mich zu seiner Beraterin in Wasserfragen. Boliviens UN-Botschafter Pablo Solón und ich machten uns an den Entwurf einer Resolution für die Generalversammlung. Wir mussten uns furchterregender Gegner erwehren. Die Weltbank und der Weltwasserrat lehnten die Anerkennung des Menschenrechts auf Wasser weiter ab, für sie war Wasser eine »Notwendigkeit«, aber kein Recht. Unterstützt von den großen Nahrungsmittelkonzernen leisteten die großen Wasserversorger und Flaschenwasserunternehmen offen Widerstand. Dann machte der Nestlé-CEO Peter Brabeck-Letmathe seinen berühmten und weithin kritisierten Scherz, dass er die Auffassung von Wasser als einem Menschenrecht für zu »extrem« halte. Großbritannien, die USA, Australien und Kanada widersetzten sich der Resolution. Sie wollten nicht für Verstöße in ihren eigenen Ländern verantwortlich gemacht werden. Botschafter Solón ließ sich von dem Widerstand nicht beeindrucken, lehnte Kompromisse bei der Formulierung der Resolution ab und forderte am 28. Juli 2010 die Generalversammlung auf, das Menschenrecht auf Wasser und Sanitärversorgung als »unverzichtbar für den vollen Genuss des Lebens und aller Menschenrechte« anzuerkennen. Die Resolution rief außerdem die Mitgliedsstaaten und internationalen Organisationen dazu auf, Entwicklungsländer zu unterstützen, falls diese bei der Umsetzung ihrer neuen Verantwortung in Schwierigkeiten gerieten. Das Abstimmungsergebnis war überwältigend: 122 Länder stimmten dafür, 41 enthielten sich, keine Gegenstimme.

Zwei Monate später legte der UN-Menschenrechtsrat die Verpflichtungen der Resolution detailliert dar und machte klar, dass sie für die Regierungen bindend und der UNO regelmäßige Berichte über die Fortschritte vorzulegen seien. Er machte auch klar, dass es oberste Verantwortung der Regierungen sei, diese neuen Rechte umzusetzen. In einer überraschenden Kehrtwende erklärten die USA als neues Mitglied des Menschenrechtsrats »stolz«, die Resolution zu unterstützen.

Es war nur eine Frage der Zeit, bis das Recht auf Wasser und Sanitärversorgung überall verabschiedet würde. Jeder Mitgliedsstaat der UNO unterzeichnete das Abschlussdokument der Konferenz der Vereinten Nationen über nachhaltige Entwicklung von 2012, *The Future We Want*, in dem das Menschenrecht auf Wasser und Sanitärversorgung nochmals bekräftigt wurde. Und im Dezember 2013 setzte die UN-Generalversammlung die Resolution wieder auf die Tagesordnung und ließ noch einmal darüber abstimmen. Diesmal war das Ergebnis einstimmig. 2015 bestätigte die Generalversammlung in einer weiteren einstimmig verabschiedeten Resolution Wasser und Sanitärversorgung als zwei eigenständige Rechte.

Dennoch offenbarten die Verhandlungen innerhalb der UNO über ein neues Paket von Zielen für eine nachhaltige Entwicklung, das das erste, 2015 auslaufende Paket ersetzen sollte, dass der Kampf noch nicht vorüber war. Die UNO ist keine monolithische Institution und spricht im Allgemeinen nicht mit einer Stimme. Sie ist auch eine Arena, in der um Wirtschafts- und Außenpolitik gestritten wird und in der einige die Kontrolle über grundlegende Dienste befürworten und andere – Nationalregierungen wie einzelne UNO-Beamte – Privatisierungen das Wort reden. Die Generalversammlung hatte zwar für das Menschenrecht auf Wasser gestimmt, aber nicht jeder war glücklich mit dieser Entscheidung. Vertreter anderer Interessen arbeiteten noch immer daran, das Rad wieder zurückzudrehen.

Die Privatwirtschaft hatte sich bei der Umsetzung der Entwicklungsagenda für die Zeit nach 2015 ziemlich stark engagiert, und mächtige Konzerne erhielten durch »Multi-Stakeholder-Partnerschaften« privilegierten Zugang zu dem Prozess. Sie versuchten, die in Artikel 6 der Nachhaltigkeitsziele zum Thema Wasser auf Rechtsgültigkeit abzielende Sprache zu verhindern und stattdessen einfach von einer Verbesserung des »Zugangs zu Wasser« und der »Wassereffizienz« zu sprechen. Das Blue Planet Project und die NGO Mining Working Group kämpften hart, um die Sprache der Menschenrechte in den neuen Wasserzielen beizubehalten. Die harte Arbeit zahlte sich aus. Am 2. August 2015 sicherten die Mitgliedsstaaten der UNO einstimmig zu, bis 2030 den allgemeinen Zugang zu sicherem und erschwinglichem Trinkwasser für alle zu gewährleisten und bekräftigten »unser Bekenntnis zu dem Menschenrecht auf einwandfreies Trinkwasser und Sanitärversorgung«.

Die Umsetzung des Rechts auf Wasser

Regierungen müssen bei der Umsetzung des Menschenrechts auf Wasser und Sanitärversorgung drei Verpflichtungen nachkommen:

1. Sie haben die Verpflichtung zur Erfüllung: Sie müssen einen Plan und einen Zeitplan vorlegen, um sauberes Wasser und sanitäre Versorgung für ihr Volk bereitzustellen.
2. Sie haben die Verpflichtung zum Respekt: Regierungen müssen jede Maßnahme oder Politik unterlassen (zum Beispiel Wasserabsperrungen), die dieses Recht beeinträchtigt.
3. Sie haben die Verpflichtung zum Schutz: Regierungen sind verpflichtet zu verhindern, dass Dritte (zum Beispiel Bergbaugesellschaften oder Massentierhaltungsbetriebe) die von Gemeinden benötigten Wasserquellen verschmutzen.

Um diesen Verpflichtungen nachzukommen, schlagen Länder unterschiedliche Wege ein. Anfang 2012 fügte Mexiko seiner Verfassung einen Zusatz an, in dem das Recht auf Wasser und Sanitärversorgung anerkannt wird. Drei Jahre später war die Regierung gezwungen, einen Gesetzesvorschlag wieder zurückzuziehen, der Mexikos Wasser privatisiert hätte. Eine starke Graswurzelbewegung hatte sich mit dem Argument, die Privatisierung würde gegen den Verfassungszusatz verstoßen, erfolgreich gewehrt. Anti-Fracking-Gruppen in Mexiko beriefen sich bei ihrem Kampf zum Schutz des Grundwassers ebenfalls auf die verfassungsgemäße Anerkennung des Rechts auf Wasser.

2014 machte die AAP-Partei in Delhi den mangelnden Zugang zu sauberem Wasser und die UN-Resolution zum Menschenrecht auf Wasser zum Thema ihres Wahlkampfs zum Stadtparlament. 2015 errang die Partie die Mehrheit, und die neue Stadtregiereung erfüllte ihr Versprechen, jedem Haushalt pro Monat 20.000 Liter Wasser kostenlos zur Verfügung zu stellen. Verbraucher aus Handel und Industrie waren ausgeschlossen, sie mussten weiter zahlen.

Die Regierung von Ruanda versprach, die gesamte Bevölkerung bis 2020 mit Wasser und sanitären Dienstleistungen zu versorgen. Laut WaterAid haben inzwischen drei von fünf Ruandern anständige Toiletten und sauberes Wasser, was für ein Land, das noch bis vor kurzem unter einem brutalen Bürgerkrieg litt, eine enorme Leistung ist.

Tansania ächzt seit Jahrzehnten unter einer Wasserkrise. Fast die Hälfte der 52 Millionen Einwohner hat keinen Zugang zu sauberem Wasser oder Sanitärversorgung. Jeden Tag sterben viele Menschen an verunreinigtem Oberflächen- und Grundwasser. Obwohl Tansanias Wirtschaft eine der am schnellsten wachsenden in Afrika ist, hat es sich als schwierig erwiesen, die zementierte Ungleichheit aufzubrechen. 2003 wurde das Land von der Weltbank gedrängt, seine Wasserversorgung zu privatisieren, und schloss einen Vertrag mit dem britischen Versorgungsunternehmen Biwater. In den folgenden vier Jahren verschlimmerte sich die Krise sogar. Immer noch starben Menschen. 2017 brachte die Regierung Biwater in London wegen Vertragsverletzung vor Gericht und erstritt eine Entschädigung von 7 Millionen Dollar.

Inzwischen gibt es wieder Hoffnung in Tansania. Die Regierung hat sich das Ziel gesetzt, bis 2020 Zugang zu Wasser für alle zu schaffen. Hilfsorganisationen wie WaterAid, Water.org und das Water Project versuchen mit Unterstützung der kanadischen Regierung die Rolle der Frauen und Mädchen zu verändern. Wie der kanadische TV-Sender CBC im November 2018 berichtete, wurden Frauen, die bislang Wasserträgerinnen gewesen waren, zu Technikerinnen ausgebildet, die anderen Frauen und Mädchen beibrachten, in ihren Dörfern Wassertürme zu bauen und zu unterhalten. Die Errichtung eines Wasserturms im Dorf Kakora hat zusammen mit einem Projekt zur Hygieneerziehung die Zahl der durch Wasser verursachten Krankheiten erheblich reduziert. Cholerafälle sind in weniger als einem Jahr um 90 % zurückgegangen. Außerdem, so die CBC, gehen Mädchen, die jetzt nicht mehr täglich Wasser holen müssen, wieder in die Schule, wo sie zudem saubere Toiletten vorfinden.

Aktivisten und viele Regierungsbeamte in Slowenien machen sich Sorgen wegen des Zustroms ausländischer

Nahrungsmittel- und Flaschenwasserkonzerne, die in großem Umfang lokale Wasserressourcen aufgekauft haben. Sie befürchten, dass diese Unternehmen Freihandelsabkommen wie das Wirtschafts- und Handelsabkommen CETA zwischen Kanada und der EU nutzen könnten, um Eigentumsrechte auf dieses Wasser geltend zu machen oder Entschädigung zu verlangen, sollte ihnen der Zugang verwehrt werden. Eine Bürgerinitiative sammelte über 51.000 Unterschriften, um einen Verfassungszusatz auf den Weg zu bringen, der ihre Wasserressourcen schützt und unter öffentlicher Verwaltung hält. Im November 2016 verabschiedete die Nationalversammlung von Slowenien einen Verfassungszusatz, der das Menschenrecht auf Wasser anerkennt und bekräftigt, dass Wasser keine Handelsware ist und als ein öffentliches Gut vom Staat verwaltet und Trinkwasser von der öffentlichen Hand bereitgestellt werden muss.

Aktivisten in verschiedenen Ländern nutzen ihre heimischen Gerichte, um die Rechte auf Wasser und Sanitärversorgung voranzutreiben. Nationalstaaten müssen ihre Gesetze in Einklang mit ihren Menschenrechtsverpflichtungen umsetzen, erläutert WaterLex, ein Netzwerk aus Rechtsexperten innerhalb der UNO. In ihrem Bericht von 2014, *The Human Rights to Water and Sanitation in Courts Worldwide*, erläutert die Gruppe, dass Gerichte eine zusätzliche Schutzfunktion erfüllen, damit diese Rechte nicht nur auf dem Papier stehen, sondern auch in der Praxis angewendet werden.

2013 wurde in Frankreich von dem gigantischen Wasserversorger Saur ein Gesetz angefochten, dass es verbietet, einem Menschen das Wasser abzudrehen. Das Gericht bestätigte jedoch im März 2015 das Gesetz mit der Begründung, es verstoße gegen die Verfassung, einem Menschen Wasser vorzuenthalten, weil er den Preis nicht bezahlen könne. In Flint, Michigan, verbot im gleichen Jahr ein Richter der Stadt, Bürgern das Wasser abzustellen, weil sie die Rechnung nicht begleichen konnten, und wiesen die Stadt an, ihre Wasserpreise beträchtlich zu senken. Im Dezember 2016 entschied der High Court in Bombay, dass es die Pflicht der Stadtverwaltung sei, die illegalen Slums mit Wasser zu versorgen, da die Menschen nach der indischen Verfassung ein Recht auf Wasser hätten. Die Buschleute der Kalahari-Wüste in Botswana nutzten die UN-Resolution von 2010, um sich wieder Zugang zu ihren Wasserbohrlöchern zu verschaffen. Die Regierung hatte die Buschleute aus ihrem traditionellen Stammesgebiet vertreiben wollen und deshalb die Wasserstellen zerstört.

Im März 2005, Wochen, nachdem das indonesische Verfassungsgericht ein von der Weltbank erzwungenes Wassergesetz, das die Privatisierung erlaubte, für verfassungswidrig erachtet hatte, annullierte der Central Jakarta District Court eine 17 Jahre alte öffentlich-private Partnerschaft mit dem Argument, sie verstoße gegen das Menschenrecht auf Wasser. Ein Jahr später widerrief der Jakarta High Court dieses Urteil, worauf die Bürgerinitiative Coalition of Jakarta Residents Opposing Water Privatization den Fall vor den Obersten Gerichtshof von Indonesien brachte. Das Urteil aus dem April 2017 lautete, dass die Wasserversorgung »im Einklang mit den Prinzipien und Werten der Menschenrechte der Vereinten Nationen« stehen müsse, beendete die Politik der Wasserprivatisierung in Jakarta und stellte die öffentliche Trinkwasserversorgung durch die Stadt wieder her. Eine zweite, vom Finanzministerium angestrengte Entscheidung des Obersten Gerichts Anfang 2018 schien dem ersten Urteil zu widersprechen und führte zu großer Verwirrung. Nach Beratung durch ein Expertengremium, zu dem Nila Ardhiani vom Amrita Institute for Water Literacy gehörte, entschied der Gouverneur von Jakarta im Februar 2019, dass er es mit dem ersten Urteil halte, und setzte die Verträge der privaten Wasserversorger außer Kraft.

Das sind bedeutende Siege. Aber sie müssen ständig aufmerksam überprüft werden. Wie Reza Sahib von der indonesischen Graswurzelbewegung KruHA erläutert, sind die Fallstricke von schon unterschriebenen Verträgen mit Privatunternehmen gefährlich und kompliziert. Ein Ausweg sei nie einfach und ohne Risiko. Graswurzelbewegungen müssten immer eine Brücke schlagen von den politischen Debatten in die Alltagsrealität.

Auch ist es unerlässlich, das Menschenrecht auf Wasser und Sanitärversorgung mit der Notwendigkeit zu verbinden, Wasser als ein öffentliches Gut zu erhalten. Wie in Kapitel eins erwähnt, hat Chile wohl das am stärksten kommerzialisierte Wasser der Welt. Nach der Pinochet-Ära, die eine massive Privatisierung der Wasserreserven sah und einen Wassermarkt schuf, von dem Agrarindustrie und transnationale Bergbaugesellschaften profitierten, folgten in Chile Regierungen, die das private Wassermodell auf die Wasserdienstleistungen ausdehnte. Binnen eines Jahrzehnts wurde die Wasserversorgung aller großen Städte von großen, oft ausländischen Privatfirmen übernommen. Den Unternehmen war es gestattet, ihre Investitionen sowie die Ausschüttungen an ihre Anteilseigner in vollem Umfang auf die Preise für ihre Kunden umzulegen. Das Ergebnis waren Wasserpreise in Chile, die zu den höchsten in Lateinamerika gehörten.

Aber das änderte sich. Unter dem Druck von Kommunen und Aktivisten im ganzen Land reformierte die Regierung unter der damaligen Präsidentin Michelle Bachelet im November 2016 das Wassergesetz aus den Zeiten Pinochets. Das neue Gesetz erklärte Wasser zum Menschenrecht, verlieh dem Wasser zum menschlichen Verbrauch und der Sanitärversorgung sowie zum Erhalt des Ökosystems eine höhere Priorität, garantierte die Rechte der indigenen Bevölkerung und ersetzte die Praxis der unbefristeten Wasserrechte durch ein Konzessionssystem.

Die privaten Wasserversorger leisteten jedoch Widerstand und kontrollieren immer noch viele Betriebe. Sie verteidigten hartnäckig ihre Verträge, und bis heute bleibt es schwierig, einen echten Wandel durchzusetzen. Chile ist eines der Länder mit dem größten Wasserstress weltweit und läuft Gefahr, durch den Klimawandel in eine ernste Notlage zu geraten. Das World Resources Institute sagt für Chiles Hauptstadt Santiago eine bis 2070 um 40 % niedrigere Wasserverfügbarkeit voraus. Eine Studie des Massachusetts Institute of Technology vom Mai 2016, *Equity Impacts of Urban Land Use Planning for Climate Adaptation,* schaute sich Städte überall auf der Welt an und fand heraus, dass privater Einfluss auf die Wasserversorgung arme Gemeinden für den Klimawandel anfälliger macht. Wenn Wasser wie ein Wirtschaftsgut behandelt wird, dann ist es wahrscheinlicher, dass es profitablen Projekten und wohlhabenden städtischen Gebieten zufließt. Wenn Chile sein Wasser nicht wieder unter öffentliche Kontrolle stellt, dann wird es schwer werden, das Versprechen des Menschenrechts auf Wasser für alle zu halten.

In El Salvador, dem Land in Lateinamerika mit der größten Wasserknappheit, sind 98 % des Wassers verschmutzt. 2012 startete eine im Foro del Agua formierte Koalition aus über 100 Organisationen eine leidenschaftliche Kampagne, die dazu führte, dass El Salvador seiner Verfassung das Menschenrecht auf Wasser hinzufügte. 2016 wurde das General Water Law verabschiedet, das Wasser als Menschenrecht definierte und schützte und den allgemeinen Zugang zu Wasser durch eine Rangfolge regelte, die von staatlichen Institutionen und nicht von Konzernen gesteuert wurde. Nach der Machtübernahme der rechten ARENA-Partei 2018 wurde jedoch die private Wasserwirtschaft in die Aufsichtskommissionen des neuen Comprehensive Water Law aufgenommen. Wieder gingen die Menschen auf die Straße, um dagegen zu protestieren, was sie als Privatisierung ihres Wassers durch die Hintertür auffassten. Hunderte demonstrierten am 20. März 2019 vor dem Parlament und schworen, so lange zu protestieren, bis das Versprechen für einen Verfassungszusatz zur Absicherung des Menschenrechts auf Wasser erfüllt sei. Sie zitierten eine Studie der nationalen Ombudsstelle, in der es heißt, der Wassermangel werde ein Leben in El Salvador bis zum Ende des Jahrhunderts unmöglich machen, wenn nicht gehandelt werde.

Trotz des progressiven Wortlauts von Südafrikas Wassergesetz von 1998, offenbaren die Anfang 2018 von der Regierung in Kapstadt vorgestellten Wassersparmaßnahmen gegen die seit Jahren herrschende Dürre eine massiv soziale Schieflage. Wie Meera Karunananthan vom Blue Planet Project in einem Bericht für die Internationale der Öffentlichen Dienste schreibt, herrscht in der Stadt auch nach der Apartheid eine gewaltige Ungleichheit. 25 % der Einwohner haben zu Hause kein Leitungswasser, aber Coca-Cola bezieht für seine Fabrik jährlich 530 Millionen Liter städtisches Wasser. Die Festsetzung von Wassersparzielen, die dem zutiefst ungerechten System der Wasserverteilung nicht Rechnung trägt, kann das Leben für die ohnehin Benachteiligten nur härter machen. Um das Menschenrecht auf Wasser wirklich durchzusetzen, müssen wir die zugrunde liegenden und historischen Kräfteverhältnisse bekämpfen, die überhaupt erst soziale und wirtschaftliche Ungerechtigkeit schaffen.

Nichtsdestoweniger haben die Nationen der Welt im Namen ihrer Völker eindeutig bekundet, dass Wasser und Sanitärversorgung fundamentale Menschenrechte sind. Das ist ein wegweisender Sieg der globalen Bewegung für Wassergerechtigkeit und die zahllosen Millionen, die jeden Tag um sauberes Wasser kämpfen. Dieser Kampf hat Resultate gebracht. Fast fünfzig Länder haben inzwischen das Recht auf Wasser entweder in ihrer Verfassung oder in ihrer Gesetzgebung verankert. Im Weltwasserbericht der Vereinten Nationen von 2019, *Leaving No One Behind*, heißt es, die Grundversorgung mit Trinkwasser sei weltweit von 81 % auf 89 % gestiegen. Inzwischen haben 181 Länder eine durchschnittliche Abdeckung von über 75 % der Grundversorgung mit Trinkwasser, 154 Länder eine Abdeckung von über 75 % bei der Grund-Sanitärversorgung erreicht.

Gewappnet mit den UN-Resolutionen stürzte sich unsere Bewegung mit frischer Energie in den Kampf gegen die Kommerzialisierung von Wasser und ihre Befürworter. Die Verlautbarung »Civil Society Statement« unserer Allianz für Wassergerechtigkeit, die zeitgleich mit dem 6. Weltwasserforum im März 2012 in Marseille veröffentlicht wurde, enthielt eine Provokation: Die fünf in den vergangenen knapp zwei Jahrzehnten vom Weltwasserrat veranstalteten Foren hätten den Planeten einer Lösung der Wasserkrise um keinen Deut näher gebracht. Stattdessen habe das Forum Strategien befördert, die es Konzernen ermöglichte, ihren Profit zu steigern. Die Anerkennung von Wasser und Sanitärversorgung als Menschenrecht, schrieben wir weiter, gab die Verantwortung an die ursprünglich Verantwortlichen zurück – an die Regierungen. Es sei an der Zeit, erklärten wir, dass die Vereinten Nationen und ihre Mitgliedsstaaten eine Führungsrolle bei der schrittweisen Umsetzung dieser Rechte übernähmen.

Beim 7. Weltwasserforum im April 2015 in Daegu in Südkorea bekundeten wir der lokalen Gewerkschaft der Wasserarbeiter unsere Solidarität im Kampf gegen die Privatisierung des Wassers in ihrem Land. Beim 8. Weltwasserforum im März 2018 in Brasilia gingen Tausende auf die Straße, um lautstark auf den Bau neuer Dämme, auf Fracking-Explorationen und auf die Gefährdung des Guaraní-Grundwasserleiters aufmerksam zu machen.

Wir kämpfen immer noch jeden Tag, um diese Agenda voranzutreiben. Manchmal gewinnen wir, manchmal verlieren wir. Aber langsam entwickelt sich ein Bewusstsein, und die Veränderungen kommen.

Wachsender Widerstand vor Ort

Überall in der Welt gibt es Kampagnen gegen Flaschenwasserunternehmen. In Kapitel eins habe ich geschrieben, dass die Anlagen Coca-Colas in Indien auf Druck von Gemeinden oder nach Gerichtsbeschlüssen schließen mussten. Der Konzern hat in Indien seit 1999 Dutzende von Pumpen- und Abfüllanlagen errichtet, die die ohnehin schnell schwindenden Grundwasserreserven ausbeuteten. Das India Resource Centre, eine Gruppe, die zusammen mit Gemeinden Widerstand gegen die Kommerzialisierung des Wassers leistet, berichtete, dass bis 2016 Coca-Cola gezwungen war, fünf seiner 24 Anlagen zu schließen. Gegen die Firma laufen ebenfalls gerichtlich angeordnete Untersuchungen, weil einige ihrer Anlagen illegal ungereinigte Abwässer abgeleitet haben sollen. Die Wasserförderung von Coca-Cola und PepsiCo wie auch die Notlage der Dorfbewohner und Bauern wegen des verseuchten Bodens und schwindender Wasserreserven haben in den nationalen Medien viel Aufmerksamkeit erregt. Die Schließungen dürfen sich die betroffenen Gemeinden, die Graswurzelaktivisten sowie die sie unterstützende internationale Bewegung als Verdienst anrechnen. Aktivismus vor Ort funktioniert.

Im Februar 2018 informierte Food & Water Watch in ihrem Bericht, *Take Back the Tap: The Big Business Hustle of Bottled Water*, über den alarmierenden Anstieg der Flaschenwasserproduktion in den USA, erwähnte aber auch den lokalen Widerstand, um die Firmen aus den Gemeinden zu vertreiben. Der Bericht stellt weiter fest, dass der Umsatz mit Flaschenwasser inzwischen den mit Softdrinks übersteigt, dass 70 % der Plastikflaschen nicht recycelt werden und dass verblüffende zwei Drittel des Flaschenwassers in den USA eigentlich kommunales Leitungswasser ist. Aber natürlich zahlt man Premiumpreise für die Flaschenversion des Wassers, das in einwandfreier Qualität für ein paar Cents aus dem heimischen Wasserhahn kommt. Auch während der Dürre der letzten Jahre pumpte Nestlé in Kalifornien weiter Grundwasser ab. Zwischen 2011 und 2014, dem Höhepunkt der Dürre, steigerte Nestlé seine Wassermenge um 19 %. Besondere Kritik erregte die Tatsache, dass die Firma in diesen Jahren das Wasser im San Bernadino National Forest mit einer Genehmigung abpumpte, die schon vor knapp drei Jahrzehnten ausgelaufen war.

Food & Water Watch startete vor einigen Jahren auf mehreren Uni-Campus ihre Kampagne Take Back the Tap. Eine ähnliche Kampagne lancierte Corporate Accountability International unter dem Namen Think Outside the Bottle. Inzwischen ist an mehr als 70 Colleges und Universitäten in den USA Flaschenwasser teilweise oder ganz verboten. Viele weitere Hochschulen haben den Zugang zu öffentlichem Trinkwasser erweitert, indem sie Trinkbrunnen und Wasserspender installiert haben. In Kanada führte eine gemeinsame Kampagne der Canadian Federation of Students, der Sierra Youth und dem Polaris Institute dazu, dass sich zahlreiche Unis für »flaschenwasserfrei« erklärten. Die University of Winnipeg war 2009 die erste, andere folgten, darunter die McGill University in Montreal und die York University in Toronto. Als die Verwaltung der University of Toronto entschied, Flaschenwasser zu verbannen, erklärte die Studentenvereinigung, dass Flaschenwasser aus einem grundlegenden Menschenrecht eine Handelsware mache und brachte ihren Stolz auf ihre Uni zum Ausdruck.

Als Teil einer Gegenreaktion gegen die wirtschaftliche Globalisierung und ihr falsches Versprechen vom Nutzen für alle wächst weltweit der Widerstand gegen die Privatisierung von öffentlichen Dienstleistungen. Im Juni 2017 veröffentlichten das Transnational Institute und die European Federation of Public Service Unions einen Bericht mit dem Titel *Reclaiming Public Services.* In kleinen Gemeinden wie auch in Hauptstädten sei eine Re-Kommunalisierung zu beobachten: Man sei der steigenden Preise, der Arbeitskämpfe und der ständig nachlassenden Qualität der privaten, gewinnorientierten Versorger überdrüssig. Der Bericht hält fest, dass sich seit 2000 mindestens 835 Kommunen aus 45 Ländern die Verwaltung ihrer Energie- und Wasserversorgung sowie ihrer sozialen und anderen Dienstleistungen von Privatunternehmen zurückgeholt hätten.

Die Annahme sei nur allzu verständlich, so der Bericht, dass uns die Zukunft noch mehr Privatisierungen und noch mehr ineffiziente und teure Dienstleisungen zum Wohle einiger reicher Konzerne bringen werde. Der Bericht erzählt jedoch eine andere Geschichte: »In Wahrheit arbeiten Tausende Politiker, Beamte, Arbeiter, Gewerkschaften und soziale Bewegungen unauffällig daran, öffentliche Dienstleistungen zurückzuerobern oder so effizient zu machen, dass sie den grundlegenden Bedürfnissen der Menschen und den sozialen wie Umwelt- und Klimaherausforderungen gerecht werden.«

Zwischen 2000 und 2018 haben sich rund um die Welt 267 Stadtverwaltungen, die ihre Wasserversorgung privatisiert hatten, diese wieder in öffentliche Verwaltung zurückgeholt. Viele weitere arbeiten daran, es ihnen gleichzutun. Der Großteil dieser Kommunen – 106 – liegt in Frankreich, dem Land mit der längsten Geschichte der Wasserprivatisierung und zufällig auch mit den beiden größten privaten Wasserversorgern: Suez und Veolia. Die meisten Re-Kommunalisierungen haben bislang in einkommensstarken Ländern stattgefunden, aber die öffentlichen Wasserversorger im Globalen Norden unterstützen die Bemühungen der Arbeiter und Aktivisten im Globalen Süden.

Auch in den USA hat es eine Welle von Re-Kommunalisierungen der Wasserdienste gegeben. Der im Februar 2016 von Food & Water Watch veröffentlichte Bericht, *The State of Public Water in the United States,* stellt fest, dass sich Kommunen überall im Land trotz aggressiver Lobbyarbeit der Wasserkonzerne von der Privatisierung ihres Wassers zurückziehen und die »lokale, öffentliche und demokratische Kontrolle über unser Wasser« anstreben. In ihrer zehnjährigen Geschichte hat Food & Water Watch mitgeholfen, fast 40 Versuche von Privatisierungen abzuwehren. Nach einer energischen Graswurzelkampagne verbot Baltimore als erste große Stadt in den USA im November 2018 die Privatisierung von Wasser vollständig.

Die Gegner der Wasserprivatisierung in den USA sind sich der Praktiken der von ihrer Regierung finanzierten internationalen Institutionen, die diese Politik in den armen Ländern unterstützen, sehr wohl bewusst. Die Abgeordnete Gwen Moore, einflussreiches Mitglied des für die Bankenaufsicht zuständigen Ausschusses des Repräsentantenhauses, verurteilte in einem harschen Brief vom Juni 2016 die Weltbank für ihre Wasserpolitik. Sie forderte ein sofortiges Ende jeglicher Finanzierung und Förderung von Wasserprivatisierungen und stellte einen Zusammenhang her zwischen den Verhältnissen in armen Ländern und dem Kontrollverlust über die Wasserversorgung in Flint, Michigan, die zu einer furchtbaren Gesundheitskrise geführt hatte. In ihrem Brief schrieb Moore: »Der Zugang zu Wasser ist ein fundamentales Menschenrecht und keine Frage des Wohnorts.« Sie fügte hinzu, dass es die Pflicht der Weltbank sei, ihre Mission – die Linderung der Armut in der Welt – über den Profit zu stellen.

Während ursprünglich die Politik und die Praxis, die sich mit Wasser und Wassergerechtigkeit beschäftigt, oft national oder international sind, sagen Moore und andere, dass ihre Stoßrichtung immer die lokale sei. Höhere Regierungsebenen können vor Ort das Leben von Gemeinden, Menschen und Ökosystemen verändern. Die Graswurzelbewegung für Wassergerechtigkeit hat uns aber auch die Wahrheit beschert, dass Aktionen und Widerstand vor Ort einen Einfluss auf die höheren Regierungsebenen haben können, sogar bis in die Generalversammlung der Vereinten Nationen hinein. Der nächste Schritt ist eine positive Kampagne für den Wandel von unten, die für diese hart errungenen Siege wirbt. Der Weg ist bereitet für eine blaue Revolution der Blue Communities.

KAPITEL DREI

ERSTE BLUE COMMUNITIES IN KANADA

Es mag seltsam erscheinen, dass das Projekt der Blue Communities in Kanada entstand, einem Land, das gesegnet ist mit Wasser und dessen Trinkwasser und Sanitärversorgung fast vollständig in öffentlicher Hand sind. Aber auch Kanada hat seine Probleme und Auseinandersetzungen ums Wasser. Der Kampf für Wassergerechtigkeit ist in den letzten Jahren zum Dauerthema geworden.

Es heißt, Kanada verfüge über 20 % des Süßwasservorkommens auf der Welt, aber das stimmt nur, wenn man jeden See und jeden Fluss im Land ablassen würde. Tatsächlich verfügt Kanada über etwa 6,5 % des zugänglichen Wassers auf dem Planeten, das heißt, des Wassers, das wir ohne Übernutzung verwenden können. Dieser Mythos vom Überfluss hat Generationen von Kanadiern zu einem rücksichtslosen Umgang mit Wasser verleitet. Die Folgen sehen wir heute.

Wie ich 2016 in meinem Buch *Boiling Point: Government Neglect, Corporate Abuse and Canada's Water Crisis* dargelegt habe, haben die Kanadier ihr Wassererbe als selbstverständlich angesehen: Sie haben es ungestraft verunreinigt und keine Gesetze zu seinem Schutz erlassen. Die Seen in Kanada erwärmen sich schneller als die meisten Seen in anderen Weltgegenden. Der gewaltige, tiefe Lake Superior gehört zu den großen Seen auf dem Planeten, die sich am schnellsten erwärmen. Unsere Gletscher schmelzen. Wissenschaftler warnen, dass Kanada in den nächsten 50 Jahren über 80 % seiner Berggletscher verlieren wird. Im Norden lässt der schmelzende Permafrost die arktischen Seen zunächst anschwellen, doch dann trocknen sie aus und verschwinden. Sumpfgebiete und Wälder, die für die Gesundheit von Seen und Flüssen lebenswichtig sind, werden mit alarmierender Geschwindigkeit zerstört. Bei der Vernichtung unberührter Wälder ist Kanada inzwischen Weltspitze.

Die Zunahme von Massentierhaltung und exportgetriebener Agrarindustrie mit ihrem massiven Einsatz von Chemikalien und Kunstdünger gefährdet das Wasser durch Abwässer, die mit zu vielen Nährstoffen angereichert sind. Durch diese sogenannte Eutrophierung werden Hunderte von Seen in Kanada mit Cyanobakterien (auch Blaualgen genannt) verunreinigt, einem für Menschen und Wassertiere gefährlichen Nervengift. Umweltexperten kritisieren schon lange Kanadas laxe Standards für den Pestizid- und Chemikalieneinsatz sowie die Tatsache, dass Kanada die großflächige Verwendung von Glyphosat, den Wirkstoff in Monsantos Unkrautvernichter Roundup Ready, und das Umweltgift Atrazin erlaubt, um nur zwei Pflanzenschutzmittel zu nennen, die unser Wasser schädigen. Der Einsatz von Chemikalien in der Massentierhaltung wird von einer Meta-Studie in der April-Ausgabe 2019 der Zeitschrift *Biological Conservation* als einer der wesentlichen Gründe für den weltweiten Insektenschwund genannt. Die Wissenschaftler nennen die Gefahr, dass 40 % aller Insektenspezies aussterben könnten, ein »Insekten-Armageddon«.

Kanadas Wasserschutzgesetze sind vollkommen unzureichend. Es gibt keine landesweiten Standards für Trinkwasser, das Grundwasser ist weitgehend unkontrolliert und unkartiert, und es werden noch immer zu viele ungeklärte oder nur teilweise geklärte Abwässer in unsere Flüsse geleitet.

Die ehemalige Umweltbeauftragte der Provinz Ontario, Dianne Saxe, veröffentlichte Ende November 2018 ihren jährlichen Bericht und erläuterte anhand eines einzigen Beispiels, warum sie nicht glauben konnte, wie viel »Dreck« die Regierung in den Seen und Flüssen der Provinz zulasse. Sie berichtete, dass allein im letzten Jahr 1327 mal ungeklärte Abwässer in die Flüsse Ontarios gespült worden seien. Nur Tage nach der Veröffentlichung verkündete die konservative Provinzregierung die Abschaffung des Büros der Umweltbeauftragten von Ontario. 25 Jahre nachdem die unabhängige Behörde als Watchdog-Institution gegründet worden war, wurde sie nun mit dem Amt des Auditor General, des staatlichen Rechnungsprüfers, zusammengelegt. Damit endete der gesetzliche Auftrag zur Erstellung eines Jahresberichts, der über die Fortschritte der Regierung in der Umweltpolitik infomierte und über die Einhaltung der Environmental Bill of Rights, die die Bürger Ontarios berechtigt, sich in die Umweltpolitik einzubringen und die Regierung für die Pflege des Bodens, des Wassers und der Luft zur Rechenschaft zu ziehen.

Die einzigen echten Wasserschutzgesetze Kanadas – der Fisheries Act, der Navigable Waters Protection Act (später umbenannt in Navigation Protection Act) und der Canadian Environmental Assessment Act – wurden von der vorherigen konservativen Bundesregierung so gefleddert, dass 99 % aller Seen und Flüssen Kanadas von keinem Bundesgesetz mehr geschützt wurden. Unter der aktuellen Regierung der Liberalen ist der Fisheries Act reaktiviert und verbessert worden. Für die anderen unterhöhlten Gesetze ist gerade ein Sammelgesetzentwurf in Beratung, der die Prozesse zum Beispiel für Pipeline-, Damm- und Bergbauprojekte modernisieren soll. Die Vorschläge dafür sind auf gemischte Reaktionen gestoßen.

Während die Bewertungen jetzt auch den Klimawandel, das öffentliche Interesse und die Auswirkungen auf die indigene Bevölkerung einbeziehen – eine positive Entwicklung –, ist unklar, welche Vorhaben genau der Beurteilung unterliegen. Die Vorsitzende der Green Party, Elizabeth May, warnt, dass Projekte zum Abbau von Ölsand davon ausgenommen werden könnten, und die Wasseraktivistin vom Council of Canadians, Emma Lui, weist darauf hin, der Nachfolger des Navigation Protection Act biete nicht jedem See und Fluss Schutz, da es den Kommunen überlassen bleibe, ihre Wasserwege in das Gesetz aufnehmen zu lassen.

Die regierende Liberale Partei behauptet, ein wichtiges Versprechen gehalten zu haben, nämlich die First Nations, die Ureinwohner Kanadas, mit sauberem Trinkwasser versorgt und so einen schrecklichen Abschnitt der kanadischen Geschichte beendet zu haben. Laut einem Bericht von Indigenous and Northern Affairs Canada vom 19. Dezember 2018 gab es 2015, als Premierminister Justin Trudeau allen First Nations mit langfristigen Wasserproblemen die Versorgung mit Trinkwasser versprochen hatte, 105 Trinkwasserwarnungen. Anfang 2018 fügte das Amt für Indigenous Services 250 kaputte Wassersysteme der Reparaturliste der First Nations hinzu. Das ließ zwischenzeitlich die Anzahl der Trinkwasserwarnungen auf 129 steigen. Mitte Dezember 2018 jedoch war die Zahl auf 64 gefallen, begleitet von der Prognose, dass langfristige Trinkwasser-warnungen bis 2020 fast ganz verschwinden würden. Im Bundeshaushalt 2019 waren für die nächsten fünf Jahre 739 Millionen Dollar vorgesehen, um das Versprechen ein-zulösen, die Trinkwasserwarnungen bis 2021 ganz aus der Welt zu schaffen. Allerdings weist Emma Lui darauf hin, dass die Regierung, um die Zahlen zu schönen, die »kurz-fristigen« Trinkwasserwarnungen von den »langfristigen« getrennt aufgeführt habe.

Außerdem halten viele First Nations die Entscheidung der Trudeau-Regierung, die Kinder-Morgan-Pipeline zu kaufen, für ein gebrochenes Versprechen. Die Union of Bri-tish Columbia Indian Chiefs lehnt das Projekt ab. Die Kinder-Morgan-Pipeline würde Bitumen – das wohl schmutzigste Öl der Welt – aus Alberta über 1335 Wasserwege, davon viele durch Gebiete und Parks der First Nations, bis zu den Tan-kerhäfen an der Pazifikküste transportieren.

Der Kampf gegen Nestlé und die Wasserprivatisierung

Das Blue-Community-Projekt in Kanada begann mit dem Kampf gegen die Wasserförderung für Flaschenwasser und die Privatisierung von kommunalen Wasserversorgern. Zwar wurden im ganzen Land viele Scharmützel um Fla-schenwasserabfüller ausgefochten, aber den bislang erbit-tertsten Widerstand gab es in der Gegend um Guelph, Onta-rio, gegen Nestlé.

Obwohl die Genehmigungen schon ausgelaufen sind, fördert Nestlé dort aus zwei Brunnen bis zu 4,7 Millionen Liter pro Tag. Bis vor kurzem bezahlte das Unternehmen nur 3,71 Dollar für eine Million Liter – blanker Diebstahl von öffentlichem Wasser. 2016 kaufte Nestlé von der Middlebrook Water Company einen dritten Brunnen. Die Kleinstadt Centre Wellington, die den Brunnen für die Wasserversorgung ihrer wachsenden Bevölkerung auch kaufen wollte, hatte das Nachsehen. Der Aufschrei veranlasste die Regierung der Provinz Ontario, ein Moratorium über den Verkauf des Brunnens zu verhängen: Die Überprüfung führte dazu, dass der Wasserpreis von 3,71 Dollar auf 503,71 Dollar für eine Million Liter angehoben wurde. Das hört sich wie eine gewaltige Steigerung an, der neue Preis beläuft sich aber dennoch auf weniger als ein Zwanzigstel Cent für einen Liter Wasser, den Nestlé dann für bis zu 2 Dollar verkauft.

Die flussabwärts lebenden Six Nations of the Grand River fordern, dass Nestlé seine Anlagen komplett schließt. 90 % der indigenen Gemeinde haben kein fließend Wasser in ihren Häusern. Ihre Vertreter sagen, diese Farce werde noch verschlimmert durch die Tatsache, dass Nestlé Wasser aus Brunnen pumpt, die sich auf ihnen schon vor langer Zeit vertraglich zugesprochenem Land befänden. Bei einer Protestveranstaltung Ende November 2018 in Alberfoyle sagte die Jugendanwältin der Six Nations, Makasa Looking Horse, dem *Guelph Mercury*, es sei wichtig, die Stimme zu erheben, weil »Nestlé das Wasser direkt unter unseren Füßen stiehlt und den Grundwasserleiter ohne unsere Genehmigung anzapft«.

Das Council of Canadians veröffentlichte im Dezember 2018 eine Umfrage, in der 82 % der Bewohner Ontarios die Provinzregierung auffordern, keine unbegrenzten Genehmigungen zur Förderung von Grundwasser für Flaschenwasser mehr zu erteilen, egal welchen Preis die Unternehmen zahlen. Im Frühjahr 2019 hatten über 80.000 Kanadier den Aufruf des Councils zum Boykott Nestlés unterschrieben.

Die Hoffnungen, die Unterstützung der Flaschenwasserindustrie durch die Bundesregierung werde unter Trudeau nachlassen, wurde enttäuscht, als im Februar 2017 in einem Bericht des Agriculture and Agri-Food Canada der Verkauf von Flaschenwasser nach China befürwortet wurde. Das Ministerium beklagte die »Lücke« bei den Verkäufen nach China und sagte einen gewaltigen Anstieg der Nachfrage für Flaschenwasser voraus, da Chinas eigenes Wasser schon ausgebeutet oder verunreinigt sei. 80 % von Chinas Oberflächen- und Grundwasser ist verschmutzt. Der Bericht des Ministeriums sprach begeistert über die »signifikanten Möglichkeiten« für die kanadische Industrie, ihre Umsätze in China auszuweiten. Das Wasser würde von kanadischen Grundwasserleitern abgezapft, abgefüllt und das Land für immer verlassen und so zu den schon erwähnten Problemen des Exports von virtuellem Wasser beitragen.

Tatsächlich ist der Hahn schon aufgedreht. Das Online-Journal *Water Canada* berichtete im März 2015, dass chinesische Geschäftsleute Millionen in kanadisches Wasser investieren wollen. Ein chinesischer Unternehmer kaufte für 17 Millionen Dollar einen Brunnen in der Nähe von Chilliwack und exportiert von dort schon 200 Containerladungen Mineralwasser. Ein Jahr später unterzeichnete Water Whistler Inc., ein laut einer Pressemitteilung »führender Produzent und Lieferant von Premium-Gletscherwasser«, eine »substanzielle« Investitionsvereinbarung, um sein Wasser in China bewerben und vertreiben zu können. Der Startschuss für die Geschäftsbeziehung zwischen der kanadischen Firma und Zhen Partners, einem prominenten chinesischen Investmentfonds, wurde offiziell am 1. September 2016 in Shanghai bekanntgegeben. Bei der Zeremonie anwesend waren Premierminister Trudeau und Chrystia Freeland, die damalige Ministerin für internationalen Handel.

Der ehemalige politische Direktor des Council for Canadians, Brent Patterson, wies im April 2017 in einem Blog darauf hin, dass jetzt, da die Flaschenwasserexporte nach China einmal begonnen hätten, es sehr schwierig werden dürfte, diese noch aufzuhalten. Die Investitionsschutzklausel des Freihandelsabkommens zwischen Kanada und China, das Foreign Investment Promotion and Protection Agreement (FIPA), gibt chinesischen Investoren das Recht, Kanada zu verklagen, sollte es versuchen, den Export seines Wassers zu drosseln oder gar zu kontrollieren.

Aktivisten in Kanada bekämpfen neben der Wasserförderung für die Flaschenwasserindustrie auch die Privatisierung der Wasserversorgung. Die große Mehrheit kommunaler Wasserdienste in Kanada wird von der öffentlichen Hand verwaltet. Allerdings ist der Trend, dass Kommunalverwaltungen bei der Suche nach Einsparmöglichkeiten die Wasserversorgung an Privatunternehmen auslagern, nicht an unserem Land vorbeigegangen.

1994 verpachtete Hamilton, Ontario, seine Wasserversorgung an eine Privatfirma, nur um die Entscheidung zehn Jahre später wieder rückgängig zu machen. Die Stadt hatte einfach die Nase voll von den Umweltschäden und dem Missmanagement. Der Privatversorger, mit dem sie den Vertrag geschlossen hatten, wechselte in diesen zehn Jahren viermal den Besitzer. 1998 vereinbarte Moncton, Brunswick, für seine Wasseraufbereitungsanlage eine umstrittene zwanzigjährige öffentlich-private Partnerschaft mit dem privaten Wasserunternehmen Veolia. Trotz starken öffentlichen Widerstands wegen der steigenden Wasserpreise verlängerte der Stadtrat den Vertrag im Mai 2019 in einer nicht öffentlichen Sitzung um weitere fünf Jahre. 2001 zwang öffentlicher Widerstand den Stadtrat von Vancouver, British Columbia, von der Entscheidung zurückzutreten, seine Wasseraufbereitungsanlage zu privatisieren. 2011 stimmten die Bürger von Abbotsford, British Columbia, mit überwältigender Mehrheit gegen einen Vorschlag ihres Stadtrats, für den Ausbau ihrer Infrastruktur eine öffentlich-private Partnerschaft einzugehen, und 2015 kaufte die Stadt White Rock, British Columbia, ihre Wasserversorgung zurück.

Eine Reihe anderer Stadtverwaltungen ließen sich auf öffentlich-private Partnerschaften ein, nachdem die konservative Regierung begonnen hatte, eine Politik zu verfolgen, die Bundeszuschüsse und Privatisierung verknüpfte. Für eine neue Crown Corporation, die Public-Private Partnership Canada, eine öffentlich-private Partnerschaft unter staatlichem Dach, erließ die Regierung neue Vorschriften für Stadtverwaltungen, die Zuschüsse für den Ausbau oder Neubau ihrer Wasserversorgungs-Infrastruktur beantragen wollten: Für den, der mehr als 100 Millionen Dollar Bundesmittel wollte, war eine öffentlich-private Partnerschaft Bedingung. Keine Privatisierung, kein Geld.

Lac La Biche und Kananaskis, zwei Städte in der Provinz Alberta, erhielten als Erste durch öffentlich-private Partnerschaften Bundesmittel zum Ausbau ihrer Wasserversorgung. 2013 bekam Saint John, New Brunswick, 115 Millionen Dollar – die Hälfte von der Bundesgierung – für die Privatisierung ihrer Kläranlage. Im selben Jahr stimmte der Stadtrat von Regina, Saskatchewan, nach leidenschaftlicher öffentlicher Debatte für die Auslagerung der Abwasserrreinigung, nachdem der Stadtrat mit 400.000 Dollar für das öffentlich-private Modell geworben hatte. Portage la Prairie, Manitoba, entschied 2016, gegen Gewährung von Bundesmitteln seine Kläranlage durch eine öffentlich-private Partnerschaft auszubauen. Und ein kräftiger Bundeszuschuss erleichterte 2017 der Stadt Victoria, British Columbia, die Entscheidung, ihre 765 Millionen Dollar teure Abwasserreinigungsanlage einem privaten Konsortium zu überlassen.

In jenem Jahr ersetzte die regierende Liberale Partei das Crown-Corporation-Modell durch die Canada Infrastructure Bank, eine 35-Milliarden-Dollar-Körperschaft mit gleicher Funktion, aber einem viel größeren Budget und umfassenderen Mandat. Die Bedingung, Bundesmittel nur in Verbindung mit öffentlich-privaten Partnerschaften zu vergeben, wurde gestrichen, aber von der Bank weiterhin als Modell unterstützt.

Da die Finanzierung unserer Wasserinfrastruktur überall im Land seit Jahrzehnten vernachlässigt wurde, machen sich viele Kanadier Sorgen über den Zustand unserer alternden Wasserleitungen und Aufbereitungsanlagen. 2016 berichtete die Federation of Canadian Municipalities, dass sich etwa 40 % der Abwasserpumpwerke und Wasserspeichertanks in Kanada in unterschiedlichem Verfallsstadium befinden. Die Kosten, um sie zu ersetzen, werden auf 61 Milliarden Dollar geschätzt. In dieser Zahl sind nicht die Kosten für eine neue Wasserinfrastruktur in den vielen Boomstädten des Landes enthalten. Die Bundesregierung hat versprochen, dass die Canada Infrastructure Bank sich um dieses Problem kümmern wird.

Die Canadian Union of Public Employees (CUPE) vertritt Beschäftigte in den öffentlichen Wasserversorgungsbetrieben im ganzen Land und ist sich der dringenden Notwendigkeit bewusst, dass in Kanadas Wasserversorgung investiert werden muss. Während die Gewerkschaft die Idee unterstützt, zur Bekämpfung der Krise einen Infrastrukturfonds zu schaffen, lehnt sie den von der Bank favorisierten Einsatz privater Mittel ab, wodurch öffentliche Dienstleister in Projekte umgewandelt werden sollen, die Gewinn abwerfen. Die CUPE glaubt, das würde die Kosten für die Stadtverwaltungen in die Höhe treiben, es würde zu neuen oder höheren Nutzungsgebühren und engeren Schichtplänen führen. Besitz und Kontrolle der öffentlichen Wasserversorger würden an profitorientierte Unternehmen übergehen. Stadtverwaltungen können sich für zehn Jahre oder länger zu Zinssätzen von unter 2,5 % Geld leihen, Privatinvestoren jedoch zahlen eher 9 %, sodass sie höhere Wasserpreise verlangen müssen, um die Differenz wieder hereinzuholen.

Die ersten Blue Communities

Besorgt wegen der Regierungsunterstützung von öffentlich-privaten Partnerschaften hielten das Council of Canadians und die CUPE im Herbst 2009 unter dem Namen Blue Summit eine Versammlung ab. Hunderte Arbeiter, Umweltschützer, indigene und Gemeinde-Aktivisten trafen sich in Ottawa, um über die vielfältigen Möglichkeiten zu diskutieren, wie Konzerne sich die Kontrolle über Wasser sichern. Uns war klar geworden, dass Lobbyarbeit bei der Bundesregierung nutzlos und die Unterstützung von Graswurzelaktivismus und kommunalem Widerstand gegen die Kommerzialisierung von Wasser ausschlaggebend war, wenn wir Einfluss erlangen wollten. Wir starteten in Ottawa das Blue-Community-Projekt, um für Wasserdienstleistungen und Trinkwasserversorgung in öffentlicher Hand zu werben. Die Idee war, Stadtverwaltungen im ganzen Land zur Verabschiedung von Resolutionen zu bewegen, die die Privatisierung ihrer Wasserversorgung erschweren würde.

Will eine Kommune eine Blue Community werden, muss sie folgende Bedingungen erfüllen:

1. Wasser und Sanitärversorgung als Menschenrechte anerkennen und schützen
2. Wasser als ein öffentliches Gut schützen, indem sie sich für Wasser- und Abwasserdienstleistungen einsetzt, die sich im Besitz der Öffentlichen Hand befinden und von dieser finanziert und betrieben werden
3. den Verkauf von Flaschenwasser in städtischen Einrichtungen und bei städtischen Veranstaltungen verbieten oder dessen Verkauf schrittweise einstellen

Die Gründung einer Blue Community fußt auf der Einsicht, dass Wasser wie Luft und das Meer ein Gemeingut ist, eine für unser Überleben unerlässliche kulturelle und natürliche Ressource, die allen Mitgliedern einer Gemeinde zugänglich sein muss. Wasser ist kein Privatbesitz, es ist ein öffentliches Gut, das man teilen, sorgfältig verwalten und jedem zukommen lassen muss. Die Anerkennung von Wasser als einem öffentlichen Gut verlangt von Regierungen, es für eine angemessene Nutzung und zukünftige Generationen zu schützen. Als Teil des Gemeinguts haben gemeinschaftliche Rechte und das öffentliche Interesse Vorrang vor der Nutzung von Wasser aus Gewinnstreben. Die öffentliche und gemeinschaftliche Verwaltung von Wasser erfordert transparente Regeln für dessen Zugänglichkeit. Für ihren Betrieb brauchen viele Privatunternehmen Wasser, aber sie müssen – basierend auf demokratisch vereinbarten Prioritäten für den Gebrauch von lokalen Wasserreserven – der Aufsicht durch die Regierung unterliegen.

In letzter Zeit sind Wasserabsperrungen wegen unbezahlter Rechnungen zunehmend zu einem Problem geworden. Das Blue-Community-Projekt fügte also – gemäß seinem ersten Prinzip, das Wasser und Sanitärversorgung als Menschenrecht postuliert – einen Passus hinzu, wonach eine Stadt Haushalten, die ihre Rechnung nicht begleichen können, Wasser- und Abwasserdienstleistungen nicht vorenthalten dürfen. Stattdessen soll sie zusammen mit den Betroffenen nach einer Lösung des Schuldenproblems suchen. Das erlaubt Wasserabsperrungen bei denen, die bezahlen könnten, aber nicht wollen, und verhindert eine Bestrafung derer, die mittellos sind. Die meisten Kommunen in Kanada haben Strategien, wie sie mit säumigen Kunden verfahren können, wenden sie aber nur selten an. Nur Quebec hält sich strikt an eine Politik, die Wasserabsperrungen verbietet.

Die Zusammenarbeit der CUPE mit dem Council of Canadians beim Blue-Community-Projekt war eine natürliche Ausweitung unseres Engagements für Wasser als grundlegendem Menschenrecht. »Die Tausende von Beschäftigten in der Wasserversorgung, die von der Gewerkschaft vertreten werden, machen das Leben in den Kommunen sicherer und gesünder«, sagte Paul Moist, der ehemalige Präsident der CUPE. Wasser- und Abwasserdienste in öffentlicher Hand, so die CUPE, sind unverzichtbar für unser Leben und das Fundament für sichere und gesunde Gemeinden. Um aber Dienstleistungen von hoher Qualität liefern zu können, benötigen die Städte verlässlich öffentliche Mittel, um ihre Wasser– und Abwassersysteme ausbauen und entwickeln zu können. Privatisierungen sind ihrem Wesen nach labil und für diese Dienste eine Bedrohung. Das Blue-Community-Projekt entstand zu einem entscheidenden Zeitpunkt des Kampfes um das Menschenrecht auf Wasser in Kanada, so Moist, der uns daran erinnert, dass die Beschäftigten der öffentlichen Hand der Sauberkeit und dem Schutz unseres Wassers verpflichtet sind.

Die gemeinnützige Organisation Eau Secours wurde 1997 in der Provinz Quebec gegründet, um Widerstand gegen die damalige Privatisierungswelle bei Wasserversorgern in Montreal zu leisten. In ihr arbeiten Einzelpersonen und Organisationen aus vielen Gemeinden zusammen. 2017 beschloss der Vorstand, sich dem Council of Canadians und der CUPE anzuschließen, um in Quebec das Projekt Blue Communities / Communautés bleues ins Leben zu rufen. Im November 2018 startete Eau Secours ihre offizielle Kampagne, um Stadtverwaltungen, First-Nations-Gemeinden und Bildungseinrichtungen in Quebec zu ermuntern, Blue Communities zu werden. Der Startschuss fiel in Amqui, einer kleinen Stadt am Zusammenfluss zweier Flüsse in der Region Bas-Saint-Laurent, dessen indigener Name »Platz der Freude« bedeutet, wo sich die First Nations seit Jahrhunderten zu ihren traditionellen Sommer-Powwows versammeln und. Amqui war die erste Gemeinde in Quebec, die sich zur Blue Community erklärte.

Die Direktorin von Eau Secours, Alice-Anne Simard, fühlt sich bestärkt durch das Interesse, die Unterstützung und die Energie der Freiwilligen, die dieses Projekt in so kurzer Zeit freigesetzt hat. Sie ist zuversichtlich, dass sich das Projekt in Quebec schnell und überregional ausbreiten wird, weil es kollektiv Mut macht und Aktivisten vor Ort hervorbringen wird: »Wir glauben, dass das Blue-Community-Projekt eine vorzügliche Antwort auf die vielen aktuellen Probleme ist, die den Schutz und die Verwaltung von Wasser beeinträchtigen: die Verschmutzung der Flüsse durch Einleitung ungereinigter Abwässer, Unterfinanzierung, die Gefahr der Privatisierung von Wasserversorgern, die Verteufelung von Leitungswasser und der zunehmende Verbrauch von Plastikwasserflaschen.« Simard hofft auf einen positiven Effekt des Projekts auf die Wassergerechtigkeit, besonders für ethnisch benachteiligte, arme, indigene und randständige Gruppen.

Inzwischen gibt es in Kanada 32 Blue Communities. Die erste war Burnaby, die drittgrößte Stadt in British Columbia, die sich am Weltwassertag 2011 zur Blue Community erklärte. Der damalige altgediente Bürgermeister Derek Corrigan war ein leidenschaftlicher Verfechter von öffentlichen Dienstleistungen und stolz darauf, dass seine Stadt als erste im Land diesen Schritt unternahm. Burnabys Weg zur Blue Community wurde in den Medien der Provinz ausführlich beschrieben und führte dazu, dass noch im gleichen Jahr die Union of British Columbia Municipalities eine Resolution zur Unterstützung des Blue-Community-Projekts verabschiedete, in der sie die Bundesregierung aufforderte, ausreichend in die Wasserversorgungs-Infrastruktur zu investieren. Eine der letzten – und größten – Städte, die sich am 22. März 2019 zum Weltwassertag zur Blue Community erklärte, war Montreal, Quebec. Bei dieser Feier wurde die McGill University als erste Hochschule zur Blue Community erklärt und wird damit hoffentlich vielen ein Beispiel geben. Außerdem kann sich Quebec der ersten blauen Highschool der Welt und der ersten blauen Schulbehörde, der Commission scolaire de la Pointe-de-l'île, rühmen.

In jedem dieser Fälle starteten lokale Aktivisten die Kampagne und bearbeiteten ihre Stadträte so lange, bis sie schließlich Erfolg hatten. Manchmal wandten sie sich zuerst an einen wohlwollenden Stadtrat oder Bürgermeister, manchmal auch an einen städtischen Angestellten. Zum Beweis, dass überhaupt öffentliche Unterstützung für das Projekt existiert, müssen sie oft erst einmal ein Netzwerk aus Gruppen und Einzelpersonen aufbauen. Sie veranstalten Versammlungen und Diskussionen im Rathaus, verteilen Info-Material in Gotteshäusern und an Kulturstätten, an wichtige Gruppen wie NGOs und Umweltorganisationen. Die öffentliche Diskussion erregt große Aufmerksamkeit in den Medien, was zu einer gesteigerten, breit gefächerten öffentlichen Wahrnehmung führt, die einen gewaltigen Bonus im Kampf um die Wassergerechtigkeit im weiteren Sinne darstellt.

Lokale Gruppen, die bei anderen Kampagnen zum Thema Wasser zusammengearbeitet haben, unterstützen später das Blue-Community-Projekt. Zum Beispiel in Tiny am Ufer des Lake Huron in Simcoe County, Ontario, wo lokale Aktivisten seit mehr als zwanzig Jahren gegen eine geplante Industriemülldeponie namens Site 41 gekämpft hatten.

Site 41 hätte den unter einem Stück Ackerland gelegenen Alliston Aquifer zerstört, einen Grundwasserleiter, der nach Einschätzung eines deutschen Labors das reinste Wasser der Welt enthält. Nach einer erbitterten Kampagne konnte das Projekt 2009 gestoppt werden. Die hochpolitischen, beim Thema Wassergovernance und Wasserschutz äußerst kompetenten Aktivisten engagierten sich bei anderen Umweltproblemen, unter anderem machten sie Werbung für das Konzept der Blue Communities. Der Bürgermeister von Tiny, Ray Millar, war einer der Wortführer im Kampf gegen Site 41 und auch maßgeblich daran beteiligt, dass seine Gemeinde im September 2011 eine Blue Community wurde.

Nicht überraschend versuchte Nestlé Canada von Anfang an, Städte davon abzuhalten, sich zu Blue Communities zu erklären. Im ganzen Land versuchten sie auf Ratsmitglieder und städtische Angestellte Einfluss zu nehmen. John Challinor, der Kommunikationschef des Unternehmens, erzählte Stadtbeamten, dass die Kampagne eine politische sei und nicht dem Umweltschutz diene und das geplante Verbot von Flaschenwasser die »übertrieben simplifizierende, sachlich unzutreffende Wohlfühlinitiative« einer eigennützigen Gewerkschaft sei. Mehrere Städte sind unter dem Druck eingeknickt. Das Abstimmungspatt im Stadtrat von Oshawa, Ontario, im März 2013 bedeutete, dass die Stadt keine Blue Community wurde, obwohl ihr Beratungsausschuss für Umweltfragen empfohlen hatte, Möglichkeiten zu untersuchen, wie die Abhängigkeit von Flaschenwasser verringert werden könne. Nestlé und die Canadian Beverage Association hatten massiv Einfluss genommen, um die Resolution zu verhindern.

Anfang 2012 stellten Aktivisten der Mid-Island-Orts-gruppe des Council of Canadians, der CUPE und von Vancouver Island Water Watch ihr Anliegen den gewählten Amtsträgern der Gemeinde Nanaimo auf Vancouver Island, British Columbia, vor. Sofort danach begann Nestlé mit der Lobbyarbeit und setzte die Mitglieder des Stadtrats persönlich und über die Medien unter Druck. John Challinor von Nestlé brachte in der Lokalzeitung erneut das Argument vor, das Blue-Community-Projekt habe nichts mit der Umwelt zu tun, sei rein politisch motiviert und ein Komplott, um »unter dem Vorwand von Menschenrechten und Infrastrukturmanagement den Verkauf von Flaschenwasser in städtischen Einrichtungen zu verbieten«.

Die lokale Aktivistin June Ross sagte, dass es sich tatsächlich um ein Komplott handele – »ein Komplott von uns Bürgern, um uns zu befreien: von giftigen Plastikflaschen; von Individuen, die das Tausendfache zahlen für Flaschenwasser, anstatt das weit und breit beste Leitungswasser zu trinken; von den Unmengen an Plastik in unseren Meeren; und schließlich von einem Konzern, der gewaltigen Profit schlägt aus einer Ressource, die uns Bürgern gehört und nicht einem Konzern«. Der Stadtrat gab einen Bericht über die Kosten eines solchen Schritts in Auftrag und erklärte nach günstigem Bescheid am 10. September 2012 die City of Nanaimo zur Blue Community. Die Aktivistengruppen schenkten den Stadträten Edelstahlflaschen mit dem Logo »Proud to be a Blue Community«.

Thunder Bay liegt am Westufer des Lake Superior im Nordwesten von Ontario. Der damalige Bürgermeister Keith Hobbs engagierte sich leidenschaftlich für die Sauberkeit der Great Lakes und war offen für die Idee, seine Stadt zur Blue Community zu machen. Ich hielt 2012 in Thunder Bay bei der öffentlichen Diskussionsveranstaltung »Great Lakes Need Great Friends«, wo die Aktivisten vor Ort die Kampagne einläuteten, einen Vortrag zu dem Thema. Von Anfang an war klar, dass der Bürgermeister und die Stadträte dem Vorhaben positiv gegenüberstanden. Das rief Challinor von Nestlé auf den Plan, der sich in einem Brief an den Stadtrat gegen die geplante Resolution aussprach und an die Lokalzeitung *Chronicle Journal* schrieb, das Blue-Community-Projekt sei eine »Verschwörung, die als trojanisches Pferd daherkomme«. Der Bürgermeister lehnte ein Treffen mit ihm ab.

Die lokale Wasseraktivistin Janice Horgos schrieb in ihrer überzeugenden Erwiderung an die Zeitung, die einzige Verschwörung, sie sie erkennen könne, sei die massive PR-Kampagne der privaten Wasserindustrie, die das Vertrauen in die öffentliche Wasserversorgung unterminieren wolle und versuche, die Aufmerksamkeit von den Konzernen und ihren Übernahmen abzulenken. »Wir wohnen im Quellgebiet des größten Süßwasservorkommens der Welt«, schrieb sie. »Als Blue Community wird Thunder Bay zu einem der Schrittmacher, der unser gemeinsames öffentliches Gut schützt und mithilft, unsere Gemeinde und den Planeten nachhaltiger zu machen.« Am Weltwassertag 2015, dem 22. März, wurde Thunder Bay stolzes Mitglied des Blue-Community-Projekts.

In anderen Städten war es härter und verliefen die Fortschritte schleppender. Wasseraktivisten in Prince Albert, Saskatchewan, erscheinen seit 2011 jedes Jahr am Weltwassertag vor dem Stadtrat, um für ihre Gemeinde als Blue Community zu plädieren. In einem Interview sagten die Aktivisten Rick Sawa und Nancy Carswell, dass man ihnen jedes Jahr nur fünf Minuten gebe, um alle drei Grundsätze zu erklären, und dass ihr Blue-Community-Antrag jedes Mal wieder zurückgestellt werde. Der Knackpunkt war das Flaschenwasserverbot, bei dem sich mehrere Räte um den Wassernachschub bei öffentlichen Veranstaltungen sorgten. Aber die Wasseraktivisten hatten sich die Unterstützung eines neuen jungen Stadtrats gesichert, und am Weltwassertag 2017 brachte dieser den Antrag ein, die beiden ersten Grundsätze von Wasser als Menschenrecht und als öffentlichem Gut anzunehmen, und schlug vor, das dritte Prinzip in der Stadt weiter zu diskutieren. Die Gruppe betrachtete dies als großen Sieg und will durchhalten, bis alle drei Prinzipien angenommen werden. Sie beschaffen jetzt Geld, um der Stadt für städtische Veranstaltungen einen Wasserwagen zur Verfügung stellen zu können. Wenn die Stadt den Wagen mietet, kann man mit dem Geld Trinkbrunnen und Wasserspender in öffentlichen Einrichtungen installieren und so die Bedenken des Stadtrats zerstreuen.

Die Water Watchers in Owen Sound sind ebenfalls wegen des dritten Prinzips auf Widerstand gestoßen, ihre Stadt akzeptierte nur die ersten beiden Grundsätze. Liz Zetlin ist Gemeinwesenarbeiterin, leidenschaftliche Umweltschützerin und Owen Sounds erste Poetria Laureata. Sie sagt, sie lasse sich von »Knoblauch, Flüssen, Kalkstein, Apostrophen und den Rücken von Eichhörnchen« inspirieren. Über sechs Jahre hat sie unermüdlich dafür gearbeitet, aus ihrer Stadt eine Blue Community zu machen. 2015 präsentierten sie und ihre Mitstreiter dem Stadtrat eine Petition mit über 600 Unterschriften, der Stadtrat sperrte sich jedoch weiter. Aber er erklärte sich bereit, an öffentlichen

Plätzen Wasserspender einzurichten. Zetlin nannte das »einen großen Schritt vorwärts«, und Stadtrat Richard Thomas, ein Befürworter des Blue-Community-Projekts, sagte bei einer Ratssitzung im Mai 2018, dass es nur eine Frage der Zeit sei, bis das Thema wieder zur Sprache komme, da sich die Gemeinden rund um die Great Lakes wegen des Plastikabfalls zunehmend Sorgen machten.

Die Wasseraktivistin des Council of Canadians, Emma Lui, behält alle laufenden städtischen Kampagnen im Auge und ist davon überzeugt, dass noch viele weitere folgen werden. London, Ontario, verbot Flaschenwasser im Jahr 2008 und ist ein guter Kandidat. Hamilton, eine weitere Stadt in Ontario, die sich Sorgen wegen des Plastikabfalls macht, verbot Flaschenwasser im Mai 2008. Allerdings liegt ihre Müllverbrennung teilweise in Händen eines Privatunternehmens, sie kann also keine vollwertige Blue Community werden. In Saskatoon, Saskatchewan, wirbt eine Aktivistengruppe beim Stadtrat für das Blue-Community-Projekt. Der Widerstand dort konzentriert sich auf die fehlenden Trinkwasserbrunnen in der Stadt, ein Hindernis, so glaubt die Gruppe, das sie mit der Zeit überwinden kann.

Das Projekt hat mehr als genug Helden und Heldinnen hervorgebracht. Robyn Hamlyn aus Kingston, Ontario, hat als Elfjährige in der siebten Klasse einen Film über meine Arbeit gesehen und daraufhin ihrer Mutter verkündet, sie werde ihr Leben dem Schutz des Wassers widmen. Sie schrieb an den Bürgermeister der Stadt, der sie einlud, vor dem Stadtrat zu sprechen. Kingston hatte Flaschenwasser schon verboten, auch die Wasserversorgung befand sich in öffentlicher Hand, es fehlte also nur noch die Resolution zur Anerkennung von Wasser als Menschenrecht. Der Stadtrat stimmte zu. Derart beflügelt und unterstützt von ihrer Mutter, schrieb Robyn 50 Bürgermeister in Ontario an und hat sich mit Räten aus 31 Städten getroffen. Wenigstens sechs davon – Niagara Falls, St. Catharines, Welland, Ajax, Clarington und Thorold – führen ihre Entscheidung, sich dem Projekt anzuschließen, direkt auf Robyn zurück.

Robyn erzählte mir, dass sie in den ersten Jahren sehr nervös gewesen sei, wenn sie bei Stadtratsitzungen vor Erwachsenen sprechen sollte. Aber sie habe sich immer wieder gesagt, dass es um die weltweite Wasserkrise gehe, etwas, das wirklich wichtig sei – »nicht irgendeine Castingshow oder ein Schulprojekt«. Dank ihrer Zielstrebigkeit stand sie die Ängste durch. Lächelnd erinnert sie sich daran, wie sie einmal Statistiken über die Umweltschäden durch Plastik vortrug und eine Stadträtin ganz unauffällig ihre Plastikwasserflasche unter ihrem Stuhl verstaute. Auf die Frage, wie sich das angefühlt habe, als Nestlé sie aufs Korn genommen und gefragt habe, was ein Kind schon über solche Theme wissen könne, sagte Robyn: »Ich habe gar nicht verstanden, wie sich so eine große Multimillionen-Dollar-Firma von einer Dreizehnjährigen bedroht fühlen konnte. Ich habe vor Stadträten geredet, um unser Wasser zu retten, und die haben tatsächlich in Artikeln geschrieben, dass ich nicht wüsste, was ich tue, und dann sind sie in Stadtratsitzungen gegangen und haben mich angegriffen.« Sie nannte die persönlichen Attacken »gruselig«.

Am Kühlschrank von Robyns Mutter hängt ein Zettel, auf dem steht: »Ich bin nur eine, aber ich bin eine. Ich kann nicht alles machen, aber ich kann etwas machen. Was ich tun kann, sollte ich tun, und was ich tun sollte, werde ich durch Gottes Gnade tun.« Robyn sagt, nach diesen Worten lebe sie.

Die Sorge wegen des zunehmenden Verbrauchs von Flaschenwasser wurde auch von Gruppen aufgegriffen, die zusammen mit den städtischen Programmen und den Blue Communities für Leitungswasser werben. Evan Pilkington aus Ottawa startete das Programm Blue W, um für Leitungswasser zu werben. Er forderte Betriebe, öffentliche Gebäude, Geschäfte, Cafés und Restaurants auf, Aufkleber mit dem Hinweis an ihren Schaufenstern anzubringen, dass die Menschen hier kostenlos ihre wiederverwendbaren Wasserflaschen auffüllen können. Evan nennt sein Projekt »Block Parent Party For Water« und sagt, er und seine Mitstreiter hätten eine Datenbank mit 27.000 Anlaufpunkten – hauptsächlich in Kanada, aber inzwischen auch in anderen Teilen der Welt. Er erzählte mir, seine Hauptziele seien die Reduzierung von Einwegplastikwasserflaschen und die Anerkennung der harten Arbeit der Wasserwerker in den städtischen Betrieben.

Bis sich eine Kommune Blue Community nennen darf, haben ihre Bewohner viel über lokale Wasserressourcen und Wassermanagement zu lernen. Viele Menschen wissen nicht, woher ihr Wasser vor Ort kommt, ob von einem öffentlichen oder einem privaten Wasserversorger, und haben darüber, was die bessere Lösung ist, auch nie nachgedacht. Bei diesem Prozess zur Blue Community muss viel diskutiert werden und müssen viele Informationen ausgetauscht werden. Am Ende wissen die Bürger wesentlich mehr über Wasser.

Was passiert, wenn eine Gemeinde auf dem Land nicht alle ihre Bürger von einem zentralen System aus versorgen kann? Wie kann so eine Gemeinde eine Blue Community werden? Die Gemeinde District of Lunenberg in Nova Scotia wurde 2015 die erste Blue Community in Atlantic Canada, den vier Provinzen am Atlantik – die South-Shore-Gruppe des Council of Canadians hatte sie dazu animiert. Die Gemeinde ist sehr ländlich geprägt, und die meisten Haushalte und viele Betriebe sind von Brunnen abhängig, die ihnen selbst gehören. Wir mussten zunächst klarstellen, dass die Grundsätze der Resolution nur für profitorientierte Unternehmen gelten, nicht für private Brunnenbesitzer. Die Resolutionen können sich ändern, wenn die Umstände einen anderen Ansatz rechtfertigen. Brunnenwasser ist für den Landbesitzer privat, aber so eine Wasserquelle fällt nicht unter das klassische Management einer öffentlich-privaten Partnerschaft.

Bayfield, eine am Lake Huron gelegene überwiegend ländliche Gemeinde ist einzigartig, weil Einwohner, Organisationen und Betriebe sich zur Blue Community erklärten, die Stadtverwaltung sich aber sperrte. Restaurants, Cafés, Wirtshäuser und Läden, der städtische Chor, Lesegruppen und die örtlichen Pfadfinderinnen verbannten Plastikflaschen und schufen so ein Projekt lokalen Stolzes. Der Umweltjournalist und -aktivist Ray Letheren erzählt, dass »Blue Bayfield« die Verteilung von über 2000 wiederverwendbaren Flaschen organisierte und im Dorf Wasserspender installierte, die in zwei Jahren über 25.000mal benutzt wurden. Die Gemeinde hat außerdem ein Blue Betty genanntes Wasserdreirad, das für Veranstaltungen und Festivals zur Verfügung steht.

Anfang 2015 erklärten sich die St'at'imc in Tsal'alh im Südwesten von British Columbia zur ersten indigenen Blue

Community in Kanada. Der ehemalige First-Nation-Chief Garry John sagte dazu:»Diese Entscheidung hält die Prinzipien unserer Vorfahren hoch und beweist unseren Kindern und Enkeln, dass wir unsere Verantwortung wahrnehmen, das Wasser in jeder Beziehung als rein und frei zu erhalten.« Die First Nation forderte außerdem die Bundesregierung auf, 4,7 Millionen Dollar in die Wasser- und Abwasserinfrastruktur der indigenen Gemeinden zu investieren und ohne die Bedingung einer öffentlich-privaten Partnerschaft ausreichend Finanzmittel bereitzustellen.

Garry Johns Partnerin Shelley McLean leitet an der örtlichen Schule die Initiative für ein warmes Mittagessen. Früher servierten sie den Kindern Schokomilch und abgepackten Fruchtsaft. Jetzt verteilen sie zu jeder Mahlzeit gekühltes Leitungswasser.»Auf eine Trinkwasserwarnung sind wir vorbereitet. Wir können das Wasser jeden Tag abkochen«, sagt John und fügt hinzu, dass zu ihrem Speiseplan für die Schüler jetzt auch Wildgerichte und einheimische Beeren gehören.

Aber viele indigene Gemeinden in Kanada und im Rest der Welt haben keinen Zugang zu sauberem, öffentlichem Wasser und können sich deshalb nicht verpflichten, Flaschenwasser abzuschaffen. Natürlich muss öffentliches Wasser als langfristiges Ziel für alle bestehen bleiben, als Versprechen an die Menschen, die aus gesundheitlichen Gründen noch nicht auf Flaschenwasser verzichten können.

Glaubensbasierte Gruppen in und außerhalb von Kanada wenden ihre Aufmerksamkeit sowohl dem Schutz von Wassereinzugsgebieten wie auch dem Menschenrecht auf Wasser zu. Am 10. Dezember 2017, dem Tag der Menschenrechte, wurden die Sisters of St. Joseph of Canada als erste religiöse Gruppe eine Blue Community. Den drei Prinzipien fügten die Schwestern das Gelöbnis hinzu, bei der Regierung auf eine nachhaltige Politik zu drängen und sich dabei besonders um die Rechte von Gruppen, Gemeinden und Individuen zu kümmern, die am Rand der Gesellschaft stehen. »Unser Einsatz für das Grundrecht auf Wasser verlangt, eine Kultur der Fürsorge zu entwickeln und gemeinsam Gerechtigkeit, Respekt und das verantwortliche Teilen von Wasser einzufordern und auf einen allgemeinen Zugang zu sauberem Wasser hinzuarbeiten«, hieß es in einer Pressemitteilung des Ordens.

Wenn andere Institutionen als Kommunalverwaltungen sich zu Blue Communities erklären, dann eröffnet das neue Möglichkeiten der Kommunikation. Paul Baines ist der Koordinator für das Blue-Community-Programm der Sisters of St. Joseph. Er sagt, dass ihr Einsatz und der anderer Kirchen, zum Beispiel der Sisters of Mercy in St. John's, Neufundland, es den verschiedenen Niederlassungen eines Ordens ermögliche, sich lokalen Problemen zuzuwenden – sei es einer First-Nations-Gemeinde ohne Wasser oder einer Kampagne gegen einen Steinbruch, eine Mine oder eine Flaschenwasseranlage. Der Orden verfügt über ein »Netzwerk mit großem Einflussbereich«, er kann die »Heiligkeit des Wassers« preisen und gleichzeitig andere Glaubensgemeinschaften anspornen, sich beim Thema Wasser zu engagieren. Das Blue-Community-Logo der Sisters of St. Joseph heißt »Wasser ist die erste Medizin«.

Es war eine sehr befriedigende Erfahrung mitzuerleben, wie Kanada sich das Blue-Community-Projekt zu eigen gemacht hat. Wir haben zwar noch keine Gesetze und Regelungen, die Kanadas Wassererbe wirklich schützen, aber die Kanadier wehren sich inzwischen mit Leidenschaft, wenn ihr Wasser bedroht ist. Jeder Plan, kanadisches Wasser in die USA zu verkaufen, trifft auf heftigen Widerstand, und jedem Kampf gegen eine Export-Pipeline liegt im Kern der Wasserschutz zu Grunde. Jede Blue-Community-Kampagne in Kanada hilft uns wirklich zu verstehen, dass Wasser heilig ist und wir es besser schützen müssen.

KAPITEL VIER

BLUE COMMUNITIES MACHEN HOFFNUNG FÜR EUROPA

Die Schweiz zuerst

Nie hätte ich gedacht, dieses Projekt könne außerhalb von Kanada Fuß fassen. Ursprünglich sollte es ein rein kanadischer Versuch sein, sich mit unserer Bundesregierung auseinanderzusetzen, die die Wasserversorgung in den Städten privatisieren und gleichzeitig die Gesetze zum Schutz des Wassers demontieren wollte.

Aber im Herbst 2012 war ich in der Schweiz, wo die Zentrale von Nestlé ihren Sitz hat, und legte mich bei einigen Konferenzen mit dem Giganten der Flaschenwasserindustrie an. Ich wurde Alexander Tschäppät vorgestellt, einem progressiven Sozialdemokraten, der damals Bürgermeister der Schweizer Hauptstadt Bern war. Ich teilte ihm meine und er mir seine Bedenken wegen Nestlé mit – unter anderem, dass es in der Schweiz keine Höchstgrenze für Konzernspenden an Politiker oder politische Parteien und auch keine Offenlegungsvorschriften gebe. Es herrscht weitgehend Einigkeit darüber, dass Nestlé und andere Konzerne große Summen ins politische System pumpen, um das unternehmerfreundliche Umfeld zu erhalten.

Schon bald nach meiner Rückkehr nach Kanada erhielt ich eine Einladung aus Bern: Die Stadt hatte entschieden, die erste Blue Community außerhalb von Kanada zu wer-

den. Außerdem hatten auch die Universität Bern und die
größte reformierte Kirchengemeinde der Stadt beschlossen, Blue Communities zu werden. Mir war nie in den Sinn
gekommen, dass Organisationen für das Projekt infrage kä-
men. Plötzlich eröffneten sich endlose Möglichkeiten.

Am sonnigen 18. September 2013 überreichte ich stolz
die Zertifikate erst in einer Feierstunde im Berner Rathaus
Bürgermeister Tschäppät und dem Vizedirektor der Universität, Martin Tauber, und danach in der herrlichen Re-
formkirche einer großen Gemeinde Gläubiger. Diese Organisationen fügten der Resolution ein viertes Prinzip hinzu:
dafür zu werben, im Globalen Süden öffentlich-öffentlichen
Partnerschaften gegenüber öffentlich-privaten Partnerschaften den Vorzug zu geben. Ich freute mich sehr über die
Weitsicht und den Mut dieser Institutionen und sagte:»Es
ist meine tief empfundene Hoffnung, dass der Schritt, den
Sie heute unternehmen, der Beginn einer europaweiten Bewegung ist, die sich eines Tages über die ganze Welt ausbreiten wird.« Einer der bereicherndsten Aspekte meiner
Arbeit ist, wenn vorausschauende Menschen eine Idee aufnehmen und weitertragen – in diesem Fall, die Bewegung
in neue Arenen zu führen, an die ich nicht gedacht hatte.

Die Schweizer Reformierte Kirche nahm ihr Engagement wirklich sehr ernst. Unter der Leitung von Pfarrer
Heinz Bichsel, dem Chef der Abteilung Ökumene für über
200 Kirchengemeinden, schuf sie ein Büro, das in der
Schweiz für das Projekt warb und das Konzept weiter ver-
breitete als irgendwo sonst. Dank der harten Arbeit der
Koordinatorin Lisa Krebs gibt es inzwischen 31 Blue Communities in der Schweiz: fünf Städte, 14 Kirchen, sechs Universitäten, ein Museum, vier Gewerkschaften und das Hilfs-

werk der Evangelischen Kirchen der Schweiz. Das alles wurde erreicht in weniger als zehn Jahren.

Der aus Brasilien stammende und jetzt in der Schweiz lebende Franklin Frederick ist ein Wasseraktivist und seit langem ein Kritiker von Nestlé. Er weiß, wie wichtig das Blue-Community-Projekt in dem Land ist, das die Zentrale des Flaschenwassergiganten beherbergt. Die Position der Schweizer Regierung zum Thema Wasserkommerzialisierung auf internationaler Ebene kritisiert er aber scharf. Er weist darauf hin, dass die Schweizerische DEZA – Direktion für Entwicklung und Zusammenarbeit – es nicht nur ablehnt, sich gegen öffentlich-private Partnerschaften in Entwicklungsländern auszusprechen, sie lehnt es auch ab, die Rolle Nestlés und die Profite zu kritisieren, die der Konzern durch die Werbung der DEZA für die Wasserprivatisierung erzielt.

Das ist nicht ungewöhnlich. Viele Länder, deren Graswurzelbewegungen im Inland erfolgreich gegen die Wasserprivatisierung kämpfen, unterstützen im Ausland marktbasierte Lösungen für die Wasserversorgung. Das ist tatsächlich ein sehr starkes Argument, um die Bewegung von ganz unten aufzubauen. Je stärker die Blue-Community-Bewegung wird, desto schwerer fällt es Regierungen, auf internationaler Ebene für Wasserkommerzialisierung einzutreten.

Blue Communities breiten sich in Europa aus

Obwohl die größten privaten Wasserversorger aus Europa kommen, hat Europa eine lange Geschichte öffentlicher Wasserdienstleistungen. Allerdings gerieten seit der Finanzkrise 2008 und mit der wachsenden Schuldenlast die ärmeren EU-Länder unter Druck, als Bedingung für eine

Schuldenerleichterung Gemeineigentum zu verkaufen. Die Europäische Kommission diktierte Ländern wie Spanien, Italien, Portugal und Griechenland »Sparprogramme«, auf deren Listen die Wasserprivatisierung ganz oben stand. Viele Stadtverwaltungen gehorchten und begannen, ihre Wasserbetriebe zu privatisieren oder teilzuprivatisieren. Als Reaktion darauf entstand eine zunehmend stärker werdende Bewegung, die öffentliche Dienstleister und Bürger umfasste, die sich in ihrem Kampf gegen den Verlust ihrer öffentlichen Wasserversorgung nicht mehr aufhalten ließ.

2008 wurde Aqua Publica Europea gegründet, die European Association of Public Water Operators. Sie wirbt für die öffentliche Verwaltung der Wasserdienstleistungen und das Menschenrecht auf Wasser. Inzwischen gehören 65 Wasserversorger der Organisation an, die ständig Einfluss auf die europäische Wasserpolitik nimmt und an die EU appelliert, öffentlichem Wasser einen hohen Stellenwert einzuräumen und sich für sauberes, zugängliches und bezahlbares Wasser für alle einzusetzen.

Nach dem Alternativen Weltwasserforum in Marseille 2012 gründete ein europaweites Netzwerk aus Aktivisten, Gewerkschaften und Wissenschaftlern das European Water Movement. Zusammen mit dem Europäischen Gewerkschaftsverband für den Öffentlichen Dienst startete es eine Kampagne zur Überarbeitung der Europäischen Trinkwasserrichtlinie, die die Standards für den Trinkwasserschutz festlegt. Das Netzwerk bediente sich der Europäischen Bürgerinitiative, eines neuen Instruments der Europäischen Kommission, das die direkte Demokratie fördern soll, indem sie EU-Bürgern ermöglicht, persönlich an der EU-Politik mitzuwirken. Wenn eine Million Bürger aus mindestens einem Viertel der Mitgliedsstaaten eine Petition unterzeichnen, ist die Europäische Kommission verpflichtet, sich mit deren politischen Forderungen zu befassen.

Die Initiative hieß Right2Water und zählte eine Reihe von Vorschlägen auf, die das Menschenrecht auf Wasser und den Schutz von Wasser als öffentlichem Gut garantieren würden. Mit fast zwei Millionen Unterschriften wurde das Projekt des Netzwerks die erste erfolgreiche Europäische Bürgerinitiative. Die Europäische Kommission bestätigte, dass sie sich mit den Anliegen von Right2Water befassen würde. Im September 2015 erkannte das Europäische Parlament an, dass Wasser keine Handelsware sei, sondern ein Gemeingut, das für ein menschliches Leben in Würde unverzichtbar sei, und forderte, dass Wasserdienstleistungen demokratischer Kontrolle unterliegen müssen.

Als die Europäische Kommission Anfang 2018 ihre neue Trinkwasserrichtlinie dem Europäischen Parlamemt vorlegte, zeigte sich das European Water Movement teilweise ermutigt, teilweise enttäuscht. Die neuen Regeln verbessern die Wassersicherheit und empfehlen Leitungswasser vor Flaschenwasser. Sie bestätigen auch, dass die Wasserversorgung eine unerlässliche öffentliche Dienstleistung sei, und rufen die Mitgliedsstaaten auf, den Zugang für alle ihre Bürger zu verbessern, vor allem für die schwächsten. Ebenso verlangen sie, den Verkauf von Flaschenwasser in den EU-Parlamentsgebäuden zu verbieten. Aber die neue Richtlinie schreckt davor zurück, das universelle Recht auf Zugang zu sicherem Trinkwasser und sicherer Sanitärversorgung explizit anzuerkennen, und es verlangt nicht das Ende der Privatisierung von Wasser.

Trotz dieses Defizits in der offiziellen Richtlinie befürwortete der Europäische Wirtschafts- und Sozialausschuss, ein beratendes Gremium, das Arbeitnehmer- und Arbeitgeberorganisationen vor dem Europäischen Parlament vertritt, das Prinzip des universellen Zugangs zu Wasser und forderte das Ende der Privatisierung von Wasser. Wie drückte es die amerikanische Schriftstellerin Rebecca Solnit aus: Erfolg ist keine geradeaus marschierende Armee, sondern ein zur Seite krabbelnder Krebs. Man kann nie wissen, wo oder wie sich unsere Verbündeten zeigen.

Italien

Die gleichen hitzigen Debatten finden auch innerhalb der Mitgliedsstaaten statt. In Italien ist privatisiertes Wasser allgegenwärtig. Acea Ato betreibt die private Wasserversorgung in Rom und ist für ihre verrottende Infrastruktur und ihre undichten Leitungen scharf kristisiert worden. Schon lange gibt es Anschuldigungen, dass die Mafia öffentliche Gelder abzweigt, die eigentlich für den Unterhalt der Infrastruktur gedacht sind. Laut des linken Online-Journals *Revolting Europe* versickern schockierende 45 % des Wassers im Untergrund oder verplätschern auf der Straße. Im Sommer 2018 wurde Rom hart von der Klimakrise getroffen. Den berühmten Brunnen ging das Wasser aus, die Menschen mussten mit Wassermangel und -rationierung leben. Aber anstatt in die Behebung des Problems zu investieren, schüttete das Unternehmen in den Jahren 2011 bis 2015 93 % der Jahreseinnahmen von 74 Millionen Dollar an seine Anteilseigner aus. Hohe Wasserpreise und schlechter Service erbosten die Kunden und führten wenig überraschend zu entschiedenem Widerstand.

Das Forum Italiano dei movimenti per l'acqua, eine Koalition aus Gewerkschaften, Umweltschützern und Gemeindeaktivisten, war ein Gründungsmitglied des European Water Movement. Im Juni 2011 hielt es ein Referendum gegen einen Gesetzesantrag ab, der alle verbliebenen Wasserversorgungsbetriebe in öffentlicher Hand privatisiert hätte. Obwohl 95 % der 27 Millionen Italiener, die an dem Referendum teilnahmen, gegen das Gesetz stimmten, sprach sich eine Regierung nach der anderen weiter für private Wasserversorger aus. Das hat zu Protesten und auf kommunaler Ebene zu einer Stärkung der Bewegung für Wasserschutz geführt. Bei einer Demonstration gegen Wasserabsperrungen in Neapel im November 2015 gingen über 30 Bürgermeister, darunter auch der von Neapel, zusammen mit Arbeitern und Bürgern auf die Straße.

Frankreich

Der Kampf gegen die Privatisierung von Wasser hat auch in Frankreich eine unerwartete Koalition zwischen Stadtverwaltungen und Graswurzelbewegungen hervorgebracht, die ihr Wasser wieder in die öffentliche Hand zurückgeführt hat. Kein Land in Europa hat eine tiefreichendere Geschichte der Wasserprivatisierung als Frankreich. Tatsächlich begann die Geschichte der zwei Wassergiganten Veolia und Suez mit der Wasserversorgung von Hunderten französischer Dörfer, kleiner und großer Städte.

Grenoble war eine der ersten Städte, die ihre Wasserversorgung 1989 privatisierten, und die erste, die es sich wieder anders überlegte. Wie das Online-Journal *openDemocracy* im Mai 2018 berichtete, waren die Wasserpreise bis

1995 um 56 % angestiegen und der Bürgermeister Alain Ca-
rignon wegen korrupter Abmachungen mit der Privatfirma
angeklagt worden. Er wurde schuldig gesprochen und wan-
derte für zwei Jahre ins Gefängnis. Unter dem andauernden
öffentlichen Druck ging die Verwaltung des Wassers 2001
wieder in die Hand der Kommune über.

Seit Grenoble erledigen 105 andere kleine und große
Städte in Frankreich – mehr als in jedem anderen Land der
Welt – ihre Wasserversorgung wieder in eigener Regie. Das
ist bemerkenswert, denn eine französische Regierung nach
der anderen hat Veolia und Suez mit Subventionen und
Steuererleichterungen unterstützt und auf internationaler
Ebene für ihre Geschäftsinteressen geworben.

Paris erlangte 2010 nach 26 Jahren des privaten Be-
triebs durch Suez und Veolia die Verantwortung für sein
Wasser zurück. Damit endete, was der Stadtrat ein zerstü-
ckeltes, undurchsichtiges und teures Flickwerk aus Dienstleistungen mit spärlicher Haftung nannte. Für eine bessere
Kontrolle und Tranzparenz holte sich die Stadt ihre Wasserversorgung zurück. Es wurde eine öffentliche Gesellschaft
namens Eau de Paris geschaffen, die die private Manage-
ment-Struktur ersetzte. Sie hat nicht nur in Naturschutz
und Umwelt investiert, so ein städtischer Bericht, sie betreibt ihre Dienste auch deutlich effizienter, weil sie ihre
Einnahmen in ihre eigenen Dienste stecken kann und nicht
an Anteilseigner ausschütten muss. Im ersten Jahr konnten
Einsparungen von 15 % erzielt und im nächsten Jahr die
Wasserpreise um 8 % gesenkt werden. Laut Anne Le Strat,
die als stellvertretende Bürgermeisterin den Übergang be-
aufsichtigte, hat Eau de Paris dem Stadtrat jedes Jahr Einsparungen von 40 Millionen Dollar beschert. Die stolzen An-

gestellten bei Eau de Paris machen Werbung für ihr Unternehmen und für die über 1200 öffentlichen Trinkbrunnen, die sie in Schulen und an vielen Standorten überall in der Stadt aufgestellt haben. Ihr prächtiger, öffentlich zugänglicher Pavillon de l'eau informiert über den Betrieb der Wasserwerke, die Umweltinitiativen und die öffentlichen Veranstaltungen der Stadt.

Obwohl sich in Paris und ganz Frankreich Organisationen wie Attac France und France Libertés für Wassergerechtigkeit engagieren, kam die Anregung, die Pariser Wasserversorgung wieder selbst zu verwalten und die Stadt danach zur Blue Community auszurufen, hauptsächlich aus dem Stadtrat selbst. Le Strats Nachfolgerin als stellvertretende Bürgermeisterin, Célia Blauel, setzt sich wie ihre Vorgängerin vehement für die öffentlichen Wasserdienste ein. Ihr ist klar, dass jeder Sieg abgesichert werden muss, wenn er nicht aus Selbstgefälligkeit verspielt werden soll. Für die beiden Wassergiganten war es ein schwerer und peinlicher Schlag, nicht nur Paris, sondern auch viele weitere Städte in ihrem Heimatland verloren zu haben. Und sie haben die Versuche, die Städte wieder umzustimmen, nie eingestellt. Célia Blauel und die Bürgermeisterin Anne Hidalgo beschlossen den nächsten Schritt, um ihre öffentlichen Wasserwerke zu schützen.

Am Weltwassertag 2016, dem 22. März, hatte ich im Rathaus von Paris das große Vergnügen, der stellvertretenden Bürgermeisterin und anderen Beamten die Blue-Community-Zertifikate zu überreichen. Célia Blauel versprach, das Pariser Wasser für alle Zeiten in öffentlicher Hand zu halten. Ich sagte: »Die globale Wasserkrise verschlimmert sich mit jedem Tag und wird noch verschlimmert durch den

Diebstahl und den Missbrauch des Wassers aus kommerziellen Interessen. Sich zu den Prinzipien einer Blue Community zu bekennen, wie Paris es heute getan hat, ist ein entscheidender Schritt. Er verweist auf einen verantwortungsvollen Umgang mit Wasser auf lokaler wie globaler Ebene, den wir heute und für zukünftige Generationen benötigen.« Wir sprachen noch einmal vor einem großen, begeisterten Publikum bei einem öffentlichen Forum im Pavillon de l'eau. Unübersehbar standen hinten im Saal zwei gut gekleidete Herren mit verschränkten Armen, die das Ereignis mit kühlem Blick verfolgten. Célia Blauel sagte, dass seien zwei leitende Angestellte von Suez und Veolia.

Griechenland

In den späten 1990ern stimmten die beiden größten Städte Griechenlands, Athen und Thessaloniki, der teilweisen Privatisierung ihrer Wasserbetriebe EYDAP und EYATH zu. Kurze Zeit später berichtete die Gewerkschaft für den Öffentlichen Dienst, die Wasserpreise seien stark angestiegen und die Dienstleistungen hätten sich verschlechtert. Dennoch unterzeichnete die griechische Regierung 2012 ein Memorandum mit der Europäischen Kommission, der Europäischen Zentralbank und dem Internationalen Währungsfonds, auch bekannt als »Troika«, dass Griechenland im Gegenzug für Schuldenerleichterungen so viel öffentliches Vermögen wie möglich privatisieren würde. Dazu gehörten auch die Wasserversorger. Die Regierung verkündete, dass sie die Wassersysteme von Athen und Thessaloniki an den privaten Sektor auslagern würde.

Als Reaktion schlossen sich die Gewerkschaft der Wasserwerker von Thessaloniki mit Graswurzelaktivisten in der Stadt zusammen und bildeten eine neue Allianz, die sie Save Greek Water nannten. Erste Aktion war die Organisation eines Referendums, das am 18. Mai 2014 abgehalten wurde. 98 % der über 200.000 abstimmenden Bürger der Stadt sagten Nein zur Privatisierung ihres Wassers. Damit war die Anweisung des Memorandums gestoppt, und die Sache landete vor dem höchsten Verwaltungsgericht des Landes. Dieses urteilte, der Verkauf von Thessalonikis Wasserwerken solle vom Memorandum der Troika ausgenommen werden. Unter dem nicht nachlassenden Druck durch die Europäische Union unterzeichnete die griechische Regierung 2016 ein anderes Memorandum. Alle öffentlichen Vermögen einschließlich des Wassers sollten in einen dann zu verkaufenden Superfonds wandern. In einem Jahr verkaufte Griechenland 14 Regionalflughäfen und die Seehäfen von Piräus und Thessaloniki.

Save Greek Water ging wieder vor Gericht und wieder an die Arbeit: In den Büros hoher Regierungsmitglieder, die für diese Entwicklung gestimmt hatten, stellten sie das Wasser ab und überfluteten deren E-Mail-Postfächer mit über drei Millionen Protestschreiben. (Der Gerichtsfall war bei der Niederschrift des Buches noch anhängig.) In einem dramatischen Akt überzeugte Save Greek Water den Bürgermeister und den Stadtrat von Thessaloniki, sich am 4. Juni 2018 zur Blue Community zu erklären und damit die Wasserprivatisierung und den Superfonds zu unterlaufen.

Der Bürgermeister von Thessaloniki, Yiannis Boutaris, bekämpft seit vielen Jahren rechtspopulistische Bewegungen in seinem Land. In der Woche vor der feierlichen Übergabe der Zertifikate wurde der 76jährige Progressive

schwer verprügelt. Er hatte eine Menschenrechtskund-
gebung unter freiem Himmel besucht, als er von Schlägern
angegriffen wurde. Ich war in Thessaloniki, um die Stadt als
Blue Community willkommen zu heißen, und Boutaris
erzählte mir, dass er zutiefst besorgt sei über den Aufschwung der Rechten und ihre Gewalttätigkeit in seinem
Land und überall in Europa. Sein Mut und seine Worte be-
eindruckten mich. Sie erinnerten mich daran, wie zerbrech-
lich die Demokratie und die Menschenrechte sind – und
dass der Kampf für sie niemals endet.

Die Zukunft sei ungewiss, behauptete der Aktivist und
Sprecher der Gewerkschaft EYATH, Yiorgis Archontopou-
los. Nur weil der Bürgermeister und der Stadtrat einer einzigen Stadt sich zur Blue Community erkläre, werde die Regierung ihre Pläne nicht aufgeben. Aber es streue ihnen
Sand ins Getriebe und liefere den Graswurzelbewegungen
einen wichtigen Hebel, um ihre Rechte durchzusetzen. Yiorgis ist stolz darauf, dass die EYATH im Namen des Blue Planet Project in seinem Land als offizieller »Blauer Botschafter« für Blue Communities Werbung machen kann. Aber er
weiß auch, dass die Gewerkschaft eine derart kraftvolle Opposition gegen die Privatisierungspläne nicht hätte organisieren können, wenn er nicht zivilgesellschaftliche Organisationen und Kommunen auf seiner Seite gehabt hätte. »Die
Gründung von Save Greek Matter war der wichtigste Bau-
stein in unserem Kampf«, schrieb er an mich. »Er brachte
uns mit Menschen zusammen, die sich vorher noch nie in
Bewegungen engagiert hatten, und verwandelte den
Kampf einer Gewerkschaft in den Kampf einer Stadt, der in
die Geschichte einging.«

Spanien

In Spanien schnellte in den 1980ern die Zahl privater Wasserversorger in die Höhe, was dazu führte, dass sich die öffentlichen und privaten Betriebe im Land die Waage hielten. Die Mehrheit der privaten Konzessionen werden von
Agbar gehalten, einer Tochter von Suez, und Aqualia, die
mit Veolia verbunden ist. In Spanien sind Wasserabsperrungen in den Jahren seit der Finanzkrise 2008 an der Tagesordnung. Unter dem Druck der Troika haben sich Madrid
und Barcelona verpflichtet, ihre Wasserversorgung zu privatisieren. 2012 erhielt Agbar von der Stadt Barcelona eine
35-Jahre-Lizenz zum Betrieb ihrer Trink- und Abwasserdienstleistungen als öffentlich-private Partnerschaft. Die
Konzession wurde ohne öffentliche Ausschreibung erteilt.
Madrids Stadtrat bereitete eine Privatisierung von 49 %
ihrer Wasserbetriebe Canal de Isabel II vor.

Aber die Stadtparlamente unterschätzten den Widerstand, der ihnen entgegenschlug. AEOPAS, Spaniens Ver-
einigung der öffentlichen Wasserversorger, und eine neu
gegründete Gruppe für Wassergerechtigkeit namens Aigua
és Vida – *Wasser ist Leben* – starteten eine landesweite Kampagne gegen die Wasserprivatisierung. Als sich die beiden
Städte 2011 für die Übergabe rüsteten, sammelten Aktivisten in Madrid 35.000 Unterschriften für eine Petition gegen
die Privatisierung ihres Wassers, organisierten ein Jahr
später ein Referendum und stellten überall in der Stadt
350 Wahlkabinen auf. 166.000 Menschen nahmen teil,
165.000 stimmten für die Beibehaltung der öffentlichen
Wasserversorgung. In Barcelona stellten Aktivisten den
von der Stadt geschlossenen Vertrag infrage, erklärten ihn

für ungültig und riefen den Obersten Gerichtshof von Katalonien an.

2015 wurden in Madrid und Barcelona progressive Stadtparlamente gewählt. Beide Räte hatten Verbindung zu der progressiven Partei Podemos und den Grünen, die sich zur Wasserversorgung in öffentlicher Hand bekannten. Das Wahlbündnis Ahora Madrid stoppte sofort die Privatisierung der städtischen Wasserbetriebe. 2016 entschied das Oberste Gericht von Katalonien den von Aguia és Vida angestrengten Rechtsstreit zugunsten des Klägers und erklärte, die von Barcelona an Agbar vergebene Konzession sei nicht rechtmäßig gewesen, weil es keine öffentliche Ausschreibung gegeben habe.

Barcelona en Comú heißt die Bürgerplattform, die die Stadtratswahlen gewonnen hat und die sich sofort daran machte, die Wasserprivatisierung anzufechten. Ein Jahr später rief sie ein Netzwerk aus öffentlichen Wasserversorgern und zivilgesellschaftlichen Organisationen ins Leben, die andere Städte bei der Re-Kommunalisierung ihrer Wasserdienste unterstützen sollten. Im November 2018 beschloss der Stadtrat von Barcelona ein Referendum über den öffentlichen Betrieb ihrer Wasser- und Abwasserdienstleistungend. Inzwischen haben Valladolid und Terrassa entschieden, ihre privaten Wasserkonzessionen zu kündigen und ihr Wasser wieder selbst zu verwalten.

Das Blue Planet Project wurde in Spanien involviert, als seine Direktorin Meera Karunananthan im November 2016 bei einem Bügermeistertreffen in Madrid zu Gast war. Sie stellte das Konzept der Blue Communities vor, und zusammen kehrten wir im Juni 2018 für Konferenzen und öffentliche Veranstaltungen nach Madrid und Barcelona zurück.

Die katalanische Stadt formalisierte unser Verhältnis zur Gewerkschaft AEOPAS, die fortan ein »Blauer Botschafter« war. Kurz danach schlugen Stadträte aus Madrid und seinem Vorort Majadahonda vor, ihre Wahlbezirke zu Blue Communities zu machen. Beide Räte stimmten im Herbst 2018 dafür.

Am anderen Ende des Landes wurde im November 2018 Cádiz eine Blue Community. Um für Leitungswasser zu werben, verteilte sie zum Beispiel in Cafés und Restaurants überall in der Stadt Wasserkaraffen. Und am Weltwassertag 2019 wurden Medina-Sidonia in der Provinz Cádiz, Xábia in der Provinz Alicante und Móstoles, ein Vorort von Madrid, stolze Mitglieder des Blue-Community-Projekts.

Deutschland

1994 liefen die Vorbereitungen zur Kommerzialisierung der Berliner Wasserversorgung an. Man verlangte von den öffentlichen Berliner Wasserbetrieben (BWB), wie ein privates Unternehmen zu wirtschaften. Fünf Jahre später verkaufte die Stadt 49,9 % der BWB an die privaten Wasserunternehmen RWE Aqua und Veolia. Trotz ihres Minderheitsanteils kontrollierten die beiden Privatunternehmen das Management, zudem waren ihnen durch Geheimverträge hohe Profite garantiert worden – so der Wissenschaftler Philipp Terhorst in seinem Bericht *Re-municipalization in Berlin after the Buy-Back* für das Transnational Institute im Juni 2014. Diese öffentlich-private Partnerschaft konnte 30 Jahre lang nicht gekündigt oder neu verhandelt werden und bescherte Berlin schnell steigende Wasserpreise, massive Entlassungen und sinkende Investitionen in die Infrastruktur. Was Demokratie, soziale Verantwortung und die Wasserinfrastruktur betrifft, war die Kommerzialisierung der Berliner Wasserbetriebe eine Katastrophe, behauptet das Institut, für die Anteilseigner war es jedoch ein unverhoffter Glücksfall.

Frustriert von der mangelnden Transparenz und den ständig steigenden Wasserpreisen gründeten Akivisten 2006 den Berliner Wassertisch, dessen Logo berühmt wurde: Ein Hai mit aufgerissenem Maul schnappt nach einem Wasserhahn. Die Gruppe brachte ein Referendum auf den Weg mit dem Ziel, Einsicht in die geheimen Verträge zu erzwingen. Für die Forderung »Schluss mit Geheimverträgen, Berliner wollen ihr Wasser zurück« stimmten im Februar 2011 666.235 Berliner – ein gewaltiger Sieg. Der Berliner Senat musste die Wasserbetriebe zurückkaufen. Sie kosteten fast 1,5 Milliarden Dollar und wurden durch einen Kredit des Steuerzahlers mit dreißigjähriger Laufzeit finanziert.

Damit nicht zufrieden, schlossen sich progressive Gruppen zusammen, um aus Berlin eine Blue Community zu machen und damit sicherzustellen, dass in Zukunft eine Privatisierung des Wassers nicht mehr möglich wäre. Dorothea Härlin war eine der Gründerinnen des Berliner Wassertischs und eine treibende Kraft im Kampf um Wassergerechtigkeit. Sie erzählt von einer kleinen Freiwilligengruppe, die über zehn Jahre lang dafür gearbeitet habe, öffentliche Aufmerksamkeit für ihr Anliegen zu erzeugen. »Kein Thema bewegt die Menschen so wie Wasser«, sagt sie. »Wir mussten den Menschen gar nicht begründen, warum Wasser kein Privateigentum sein soll. Wir selbst bestehen zu 70 % aus Wasser, und auf der Erde gäbe es kein Leben ohne Wasser.«

Dorothea Härlin verbündete sich mit Christa Hecht, die damals noch Geschäftsführerin der Allianz der öffentlichen Wasserwirtschaft e.V. war. Ich habe Deutschland mehrere Male besucht und stellte 2017 dem Berliner Senat das Blue-Community-Konzept vor. Es war mir also eine große Freude, im Oktober 2018 in einem Zelt bei strömendem Regen zusammen mit Dorothea Härlin, Christa Hecht und Vertretern der Stadt diese Wegmarke zu feiern. Einige Tage zuvor hatte sich nach jahrelanger Lobbyarbeit durch Christiane Hansen von Attac und anderen Aktivisten München zur Blue Community erklärt. Die feierliche Unterzeichnung des Zertifikats fand vor einer großen und begeisterten Menschenmenge auf dem berühmten Marienplatz in München statt, wo ein dunkles Kapitel deutscher Geschichte seinen Anfang nahm. Es war ein besonders anrührender Moment, als ich neben Münchens Bürgermeister Dieter Reiter stand und dieser versprach, für Gerechtigkeit und das Menschenrecht auf Wasser in der ganzen Welt einzutreten. Am Tag nach Berlin schloss sich die herrliche bayerische Stadt Augsburg dem Blue-Community-Projekt an, und im November 2019 Kempten im Allgäu. Sie alle folgten dem Beispiel von Marburg, das im Juli 2018 die erste deutsche Blue-Community-Stadt geworden war.

Alle deutschen Blue-Community-Kommunen schlossen sich dem von Bern hinzugefügten vierten Prinzip an, öffentlich-öffentliche Partnerschaften im Globalen Süden zu fördern. Sie wollen ihre Expertise und ihre Technologie mit den Kommunen teilen, mit denen sie in den Entwicklungsländern zusammenarbeiten, und nicht die Interessen privater Wasserunternehmen in Europa unterstützen. Karin Brahms von den Marburger Stadtwerken war eine treibende Kraft hinter der Entscheidung, Marburg zu einer Blue Community zu machen. Sie berichtet, dass Oberbürgermeister Dr. Thomas Spies beim Neujahrsempfang 2019 den über 1000 Gästen zum ersten Mal Leitungswasser kredenzt hat. Außerdem ließ er Blue-Community-Handbücher und Stadtpläne verteilen, auf denen die Trinkbrunnen der Stadt verzeichnet waren.

München und Berlin installieren Hunderte von öffentlichen Wasserspendern, und Berlin stellt eine Million Euro bereit, um seinen Verpflichtungen als Blue Community nachzukommen. Berlin beschloss ebenfalls, seine Bewohner über das Menschenrecht auf Wasser und über die Bedeutung des Status einer Blue Community für die Stadt zu informieren. Die Stadt untersuchte ihren Wasserfußabdruck und wie das Land Berlin mit ihren Vergaberichtlinien ihre virtuellen Wasserimporte aus Ländern des Globalen Südens berücksichtigen kann. Das ist eine innovative und fortschrittliche Position, da in ihr die Folgen auf Mensch und Umwelt von Deutschlands Handelsabkommen mit ärmeren Ländern mitgedacht werden.

Christa Hecht ist überzeugt, dass es in Zukunft noch mehr Blue Communities in Deutschland geben wird. »Selbstregulierung ist besser als Druck von oben«, sagt sie. »Das setzt einen Diskussionsprozess in Gang, bei dem sich jeder selbst hinterfragt.« Früher wurde ihre Organisation für die Förderung öffentlichen Wassers belächelt. War die Entscheidung zur Rekommunalisierung der Berliner Wasserbetriebe noch umstritten, so war es die jüngste Entscheidung für das Blue-Community-Projekt nicht mehr. Sie erfuhr sogar breite Unterstützung im Abgeordnetenhaus.

Belgien

Zwar werden die meisten Wasserwerke in Belgien von der öffentlichen Hand betrieben, aber der Druck zur Privatisierung besteht, besonders bei der Sanitärversorgung. Es war also ein großer Erfolg, als sich im November 2019 die Region Brüssel-Hauptstadt, die 19 Kommunen einschließlich der Stadt Brüssel und den Sitz der Europäischen Union umfasst, zur Blue Community erklärte. Die Kampagne wurde angeführt von einer Gruppe Studenten, die sich mit dem Europäischen Gewerkschaftsverband für den Öffentlichen Dienst, Food & Water Europe, Aqua Publica sowie Vivaqua, dem öffentlichen Wasserversorger, verbündete. Auf einer Pressekonferenz sagte der Ministerpräsident der Region Brüssel-Hauptstadt, Rudi Vervoort, die derzeit von einer öffentlich-privaten Partnerschaft betriebene Sanitärversorgung werde bei Auslaufen des aktuellen Vertrags in ein paar Jahren rekommunalisiert, um den Bedingungen einer Blue Community gerecht zu werden.

Großbritannien und Irland

Als die Wasserversorger in den 1980ern privatisiert wurden, gab es in Engalnd und Wales keine Blue Communities. (Schottland konnte dem Privatisierungstrend entgehen, seine Wasserversorgung ist immer noch in öffentlicher Hand.) In England ist die Debatte wieder eröffnet. Im September 2017 sprachen sich in einer landesweiten Umfrage 83 % der Briten für die Verstaatlichung ihrer Wasserbetriebe aus. Nur einige Monate zuvor hatten die Medien berichtet, dass Thames Water 25 Millionen Dollar Strafe zahlen musste, weil das Privatunternehmen fast zwei Milliarden Liter ungeklärte Abwässer in die Themse geleitet hatte.

Die Wasserversorgung aus privater zurück in die öffentliche Hand zu legen, war ein populäres und zentrales Wahlversprechen der Labour Party in der Wahl vom Dezember 2019. Labour führte an, in den letzten zehn Jahren der Privatisierung seien der Wasserpreis um 40 % gestiegen und fast 23 Milliarden Dollar Dividenden an Anteilseigner ausgezahlt worden, und versprach eine öffentlich betriebene Wasserversorgung. Labour verlor die Wahl, aber bei den regierenden Konservativen erregten die Exzesse der Privatunternehmen Aufmerksamkeit. Im Februar 2018 verlangte Michael Gove – damals Umweltminister, später einflussreicher Minister des Cabinet Office – ein hartes Vorgehen gegen die exzessiven Managergehälter und gegen die Offshore-Steueroasen, derer sich Englands Wasserunternehmen bedienten.

In Irland gingen Hunderttausende auf die Straße, um gegen das Vorhaben der Regierung zu protestieren, in jeder Wohnung Wasserzähler zu installieren. Die Wasserzähler waren eine Bedingung der Sparmaßnahmen, die die Troika 2010 im Gegenzug für Schuldenerleichterungen verlangt hatte. Die meisten Demonstranten glaubten, das neue, für die Durchführung des Plans zuständige Unternehmen sei nur der erste Schritt auf dem Weg zur Privatisierung des Wassers. Wie in anderen Ländern formierte sich eine starke Koalition, die sich wehrte – eine Initiative namens Irish Right2Water.

Irland hatte seine Wasserversorgung mittels eines fortschrittlichen Steuersystems finanziert, jetzt aber sollten die Wasserwerke vollkommen kostenneutral wirtschaften.

Das neue System war für hohe Wasserrechnungen verantwortlich, die viele Haushalte nicht stemmen konnten. In der berühmten irischen Tradition des Boykotts – nach Charles Boycott, dessen Pächter die Zusammenarbeit mit ihm verweigerten, als er 1880 wegen nicht bezahlter Pacht Räumungsbefehle erwirkte – weigerten sich 57 % der Bewohner, ihre Wasserrechnung zu zahlen. Die neue Regierung ließ das Vorhaben nach der Wahl im April 2016 fallen.

Eine Parlamentariergruppe namens Independents4 Change, die das Recht auf Wasser in der irischen Verfassung festschreiben wollte, beantragte ein Referendum, in dem es hieß: »Die Regierung ist verantwortlich für den Schutz, die Verwaltung und den Unterhalt des öffentlichen Wassersystems. Die Regierung stellt im öffentlichen Interesse sicher, dass diese Ressource in öffentlicher Hand und Verwaltung verbleibt.« Im November 2018 stimmte das Kabinett zu, einen entsprechenden Gesetzesentwurf auszuarbeiten. Dennoch, so Dr. Rory Hearne von der Maynooth University, nehme unterhalb des politischen Radars in Irland die Zahl öffentlich-privater Partnerschaften im Geschäft mit Wasserdienstleistungen stark zu. Von 232 Standorten würden 115 in öffentlich-privater Partnerschaft betrieben, so der Professor weiter. Das sei eine »Form schleichender Privatisierung«.

Brendan Ogle, einer der treibenden Kräfte hinter der irischen Right2Water- und der Anti-Wasserzähler-Kampagne, arbeitet jetzt mit einer Reihe von irischen Stadträten daran, Blue Communities zu schaffen.

Weltkirchenrat

Der Ökumenische Rat der Kirchen (Weltkirchenrat) mit Sitz in Genf ist ein Zusammenschluss von 350 Kirchen in 120 Ländern und vertritt ungefähr 590 Millionen Christen. Das Thema Menschenrecht auf Wasser steht schon seit vielen Jahren in seinem Fokus. Bei der Vollversammlung 2006 hat der Weltkirchenrat eine Erklärung mit dem Titel *Water for Life* verabschiedet, die die Anerkennung und Umsetzung des Menschenrechts auf Wasser auf jeder Regierungsebene verlangte, einschließlich den Vereinten Nationen. Der Weltkirchenrat startete ebenfalls das Ökumenische Wassernetzwerk mit dem Mandat, »weltweit den Zugang der Bevölkerung zu sauberem Wasser zu schützen bzw. durchzusetzen, gemeinschaftsgetragene Initiativen und Lösungen zur Überwindung der Wasserkrise zu fördern, Wasser als Gabe Gottes zu schützen und sich für das Menschenrecht auf Wasser einzusetzen«.

Der Weltkirchenrat begrüßte die Anerkennung des Menschenrechts auf Wasser und Sanitärversorgung durch die UNO und rief die Nationalstaaten auf, diesem Beispiel durch Verfassungszusätze nachzueifern. Der Weltkirchenrat merkt außerdem besorgt an, dass »ein eingeschränktes Verständnis von Wasser als Ware, die gemäß dem Marktprinzip verkauft und gehandelt werden kann«, ohnehin benachteiligte Menschen am meisten gefährde.

Es war also ein natürlicher Schritt, dass sich am 25. Oktober 2016 der Weltkirchenrat selbst dem Blue-Community-Projekt anschloss. In seiner Rede anlässlich der Feier sagte der Generalsekretär, Pastor Olav Fykse Tveit, mit diesem Schritt bringe der Weltkirchenrat die Stimme der Glaubensgemeinschaften in den globalen Diskurs um das Menschenrecht auf Wasser und Sanitärversorgung ein. Unterstützung fand diese Initiative durch das Internationale Grüne Kreuz, eine von Michail Gorbatschow gegründete NGO, die Themen wie Sicherheit, Armut und Umweltzerstörung verbindet und eine für die Zeit nach dem Kalten Krieg bedeutende Organisation mit großem Einfluss bei der UNO ist.

Dinesh Suna ist der Koordinator des Ökumenischen Wassernetzwerks und die treibende Kraft hinter dem Prozess, aus dem Weltkirchenrat eine Blue Community zu machen. Suna stellt fest, dass Glaubensgemeinschaften die Predigt manchmal leichter fällt als die Praxis. Deshalb sei der Schritt zur Blue Community für den Weltkirchenrat ein konkreter Weg, seinen Glauben zu bekräftigen, dass Wasser eine Gabe Gottes ist. Das Ökumenische Wassernetzwerk veröffentlichte einen Aufruf an alle Mitgliedskirchen in Europa und Nordamerika, wo man Leitungswasser gefahrlos trinken kann, sich Flaschenwasser abzugewöhnen. Viele wurden so ermuntert, ebenfalls Blue Communities zu werden. Der Weltkirchenrat übernahm auch das Prinzip der Solidarität mit dem Globalen Süden und propagierte öffentlich-öffentliche Partnerschaften anstatt Privatisierung.

Mitarbeiter des Weltkirchenrats überreichten kürzlich einer Reihe prominenter Kirchenführer wie Papst Franziskus, dem orthodoxen Ökumenischen Patriarchen Bartholomäus I. und dem Erzbischof von Canterbury, Justin Welby, wiederverwendbare Wasserflaschen. »Bevor der Weltkirchenrat sich der Initiative der Blue Communities angeschlossen hatte, war es vollkommen undenkbar, dass man hohen Kirchenführern bei hochkarätigen Veranstaltungen gewöhnliche Wasserflaschen überreicht«, sagte Suna.

Zunehmend herrscht Konsens über die Vorteile, Wasser als öffentliches Gut zu bewahren. Wenn neben Kommunen auch diese einflussreichen Organisationen Stellung beziehen und das Menschenrecht auf Wasser und den Kampf gegen seine Kommerzialisierung miteinander verbinden, dann kann das eigentlich die Europäische Union und ihre Entwicklungshilfepolitik nicht unbeeindruckt lassen. Wir müssen von unten auf die mächtigen Regierungen Druck ausüben, damit sie ihre Unterstützung der Wasserprivatisierung im Globalen Süden – und auch im Rest der Welt – beenden.

KAPITEL FÜNF

GOING BLUE – EINE COMMUNITY NACH DER ANDEREN

Über 25 Millionen Menschen leben inzwischen in Blue-Community-Gemeinden. Das ist ein beträchtlicher Erfolg nach zehn kurzen Jahren. Dennoch bleibt noch viel zu tun. Das Projekt muss auch in anderen Teilen der Welt wachsen – zum Beispiel im Globalen Süden. Es gilt, noch viele Dörfer und Städte für unsere Sache zu gewinnen, und es gilt auch, unsere institutionelle Basis zu vergrößern – in Universitäten und Schulen, glaubensbasierten Gemeinschaften, NGOs, Gewerkschaften und gemeinnützigen Vereinigungen. Das Bewusstsein für unsere gemeinsame Verantwortung, das Süßwasser unseres Planeten zu schützen und gerechter zu verteilen, muss ebenso wachsen wie die Einsicht, dass gehandelt werden muss. An diesem Punkt kommen Sie ins Spiel, verehrter Leser. Jeder kann sich dafür einsetzen, dass seine eigene Gemeinde eine »blaue« wird, und jeder Einzelne von uns kann ein besserer Wassernutzer werden. Dann kann man den nächsten Schritt tun und andere auf die globale Wasserkrise und deren negative Folgen für Mensch und Umwelt aufmerksam machen.

Das Blue-Community-Projekt gibt Menschen und Kommunen eine Blaupause zum Handeln an die Hand, eine Möglichkeit, gegen stärkere Kräfte aufzustehen, die die lokale, verantwortungsvolle Kontrolle über die Wasserressourcen gefährden. International bietet das Projekt eine Alternative zum Modell der Globalisierung, das propagiert, es gebe nur diesen einen Weg für die Wirtschaft der Welt. Überall erleben Bürger internationale Institutionen wie die Welthandelsorganisation und die Weltbank oder sogar die eigenen Regierungen, die die Vorzüge der Privatisierung von Wasser und anderen wesentlichen Dienstleistungen und Ressourcen preisen. Ich kann gar nicht zählen, wie oft mir bei Vorträgen oder Buchvorstellungen Menschen gesagt haben, sie stimmten vollkommen mit mir überein, was die globale Wasserkrise und deren Ursachen und mögliche Lösungen anginge, dass sie aber nicht wüssten, was sie dagegen unternehmen sollten. Die Initiative der Blue Communities ist eine Möglichkeit.

Emma Lui ist die nationale Wasseraktivistin für das Council of Canadians, sie ist die Schlüsselfigur für das Blue-Community-Projekt gewesen. Sie glaubt an die Bedeutung des Projekts, weil es Kommunen konkrete Handlungsmöglichkeiten anbietet, wie sie die öffentliche Verwaltung und Kontrolle ihrer Wasserversorgung sichern können. »Das Blue-Community-Projekt ermutigt Gemeindemitglieder und Wasserliebhaber, mit überschaubaren Maßnahmen für ihr Wasser einzutreten und ihre kommunalen Vertreter aufzufordern, das Gleiche zu tun«, sagt sie. »So können sich Individuen und Gruppen zu einem aktiven Netzwerk zusammenschließen, um ihr Wasser zu verteidigen: gegen Privatisierung, Bauprojekte und eine Politik, die ihre Wasserressourcen bedroht.«

Eine lokale Blue-Community-Kampagne kann viele Menschen erreichen, die sich sonst nicht um Wasserthemen oder kommunale Politik kümmern. Viele Menschen wissen nicht, was eine öffentlich-private Partnerschaft ist, und in vielen Kommunen haben Stadträte dafür gestimmt, obwohl kaum oder gar nicht darüber diskutiert oder in den Medien darüber berichtet wurde. Es sei Zweck des Projekts, so Emma Lui, die Menschen zu unterrichten, bevor ein Privatunternehmen ins Spiel kommt, damit die Bevölkerung eine erste Verteidigungslinie aufbauen könne. Das Projekt hilft auch, städtische Angestellte und gewählte Beamte – oft zum ersten Mal überhaupt – über alle Aspekte des Themas zu informieren.

Das große Plus einer lokalen Blue-Community-Kampagne ist die Tatsache, dass sie positiv ist. Wir Aktivisten tragen oft Rückzugsgefechte aus, kämpfen gegen noch einen Staudamm, noch eine Erdölpipeline oder noch eine Goldmine. Wenn wir für Blue Communities werben, dann präsentieren wir eine positive Vision und kämpfen *für* etwas anstatt *gegen* etwas. Deshalb sind so viele Kampagnen gegen Flaschenwasser an Universitäten erfolgreich gewesen, weil die Studenten sich für etwas Positives, etwas zum Wohl unseres Planeten einsetzen konnten. Das ist für Christa Hecht aus Berlin ein entscheidender Punkt: Der Kampf um die Rückkehr der städtischen Wasserbetriebe in öffentlicher Hand war polarisierend und schmerzhaft, aber das Blue-Community-Projekt wurde als ein Heilungsprozess betrachtet und erfuhr deshalb breite Unterstützung.

Die Vereinigten Staaten von Amerika

Ich glaube, die USA sind bereit für das Konzept der Blue Communities. Es gibt schon eine starke Bewegung pro öffentliche Wasserversorgung in vielen amerikanischen Kommunen, oft angeführt von Food & Water Watch und ihrer dynamischen Geschäftsführerin Wenonah Hauter. Atlanta, Georgia, war eine der ersten amerikanischen Städte, die sich 1999 an der Privatisierung ihres Wassers versucht haben. Die Stadt vergab ihre Wasserversorgung an United Water, einer Tochter von Suez, doch schon bald beklagten städtische Beamte hohe Wasserpreise, Betriebsstörungen, eine Welle von Rohrbrüchen und »Nur-abgekocht-trinken-Warnungen«, als gelegentlich braunes Wasser aus städtischen Leitungen kam. Nur vier Jahre später löste Atlanta den Vertrag mit United Water auf. 2003 schloss Stockton in Kalifornien trotz starker öffentlicher Gegenwehr einen Vertrag mit OMI-Thames Water, der aber nach vier Jahren von einem Gericht verworfen wurde, weil der Vergabeprozess der Stadt nicht rechtskonform gewesen sei. Im November 2018 war Balitmore, Maryland, die erste amerikanische Stadt, die die Privatisierung ihrer Wasserbetriebe ausdrücklich verbot.

Die erwähnten Städte kehrten zwar zur Wasserversorgung in öffentlicher Hand zurück, sind aber keine Blue Communities. Trotz steigenden Interesses gibt es erst zwei Blue Communities in den USA: Los Angeles und Northampton, Massachusetts. Im Juni 2017 nahm der Rat dieser Kleinstadt von 28.000 Einwohnern einen Antrag seines Ratspräsidenten Bill Dwight an und erklärte sich zur Blue Community. Die Idee stammte von Bill Diamond, einem Professor emeritus der University of Massachusetts in Amherst. Diamond besuchte im Sommer 2015 ein Folkfestival in Lunenburg, Nova Scotia, wo er Mitglieder der Ortsgruppe des Council of Canadians kennenlernte und von der Blue-Community-Initiative hörte. Er wunderte sich, dass nach einem

Open-Air-Konzert mit mehreren hundert Besuchern fast keine Plastikflaschen herumlagen. Er dachte schon lange darüber nach, wie man den Menschen das Flaschenwasser abgewöhnen könne. Wieder zu Hause informierte er seine Gemeinde. Vor allem die örtliche Highschool und viele Ladenbesitzer in der Stadt waren einverstanden, kein Flaschenwasser mehr anzubieten.

Laut Ratspräsident Bill Dwight war das »der erste Schritt«, der die Einstellung der Menschen zu Wasser veränderte. Seine Resolution versprach eine Kampagne, die das Bewusstsein für die Thematik schärfen und die Öffentlichkeit für das Projekt gewinnen sollte, und setzte eine Taskforce ein, um das Projekt zu begleiten. Auch wurde die Regierung des Bundesstaats Massuchusetts aufgefordert, als Sachwalterin der lokalen Wassereinzugsgebiete »die Grundsätze des Gemeinwohls anzuwenden, um langfristig den verantwortungsvollen Umgang und die Verwaltung natürlicher Ressourcen zu steuern und für jetzige und zukünftige Generationen das vorrangige öffentliche Interesse gegenüber dem privater Organisationen zu schützen«. Außerdem verlangte die Stadt Northampton von der Bundesregierung, einen nationalen Aktionsplan zu entwickeln, um das Menschenrecht auf Wasser und Sanitärversorgung einzuführen. Stellen Sie sich vor, Hunderte oder Tausende amerikanische Dörfer und Städte würden diesem Beispiel folgen.

Im November 2019 wurde Los Angeles die zweite und außerdem eine sehr bedeutende Blue Community in Amerika. Los Angeles hat wie ganz Kalifornien schon große Probleme mit Wasserknappheit und Wassermanagement gehabt und kämpft sowohl mit Problemen der Wasserqualität wie der Wassergerechtigkeit. Im Großraum Los Angeles haben eine Million Menschen keinen Zugang zu sauberem Wasser und Sanitärversorgung, was vor allem in farbigen Gemeinden der Fall ist. Unter Bürgermeister Eric Garcetti sind jedoch schon viele Maßnahmen getroffen worden, die die Wasserreinhaltung und den Zugang zu Wasser verbessert haben.

Die Aktivistin Caryn Mandelbaum von Environment Now sprach den progressiven Stadtrat Paul Krekorian an, der sofort die einhellige Unterstützung der Ratsmitglieder erreichte. Für eine Stadt mit 4,5 Millionen Einwohnern war das Versprechen, Wasser als Menschenrecht und öffentliches Gut zu schützen, ein gewaltiger Schritt, der in anderen kalifornischen Städten auf großes Interesse stieß. Bei der öffentlichen Veranstaltung nach der Verleihungszeremonie versprach Bürgermeister Garcetti Gesetze zu erlassen, um Wasser in Plastikflaschen aus dem öffentlichen Raum und dem Los Angeles International Airport, einem der größten Flughäfen der Welt, zu verbannen. Außerdem kündigte er öffentliche Informationsprogramme und die Installation von mehr Trinkbrunnen in der Stadt an.

Das Menschenrecht auf Wasser kann nicht verwirklicht werden, wenn Wasserdienste denjenigen Amerikanern verweigert werden, die sich steigende Preise nicht leisten können. Viele amerikanische Städte leiden unter Wasserabsperrungen, aber keine ist dafür berüchtigter als Detroit, Michigan, die allein zwischen 2014 und 2017 geschätzt 250.000 Einwohnern in knapp 95.000 Haushalten das Wasser gekappt hat. Mit weiteren 17.000 Haushalten wird für 2018 gerechnet. Mit dem Rückgang der Autoindustrie in den 1980ern und 1990ern flohen Menschen und Geld aus

Detroit. Die Folge war, dass die Steuerbasis nicht mehr ausreichte, um die Bewohner der Innenstadt mit Wasserdienstleistungen zu versorgen. Also wurden die Preise dramatisch erhöht – um 400 % zwischen 1994 und 2014. 80 % der verbliebenen Bevölkerung ist schwarz und leidet unter großer Armut und hoher Arbeitslosigkeit. Plötzlich konnten Tausende Haushalte ihre Wasserrechnungen nicht mehr bezahlen. Auftragsfirmen schickten ihre Leute, um das Wasser abzustellen, gewöhnlich frühmorgens, oft ohne Voranmeldung und manchmal für ganze Blocks auf einmal. Familien machten sich verzweifelt auf die Suche nach Wasser, damit sie ihre Kinder baden, Toiletten spülen und Essen machen konnten. Zur gleichen Zeit blieben Unternehmen, Golfplätze und -resorts, die ihre Rechnung nicht bezahlten, unbehelligt.

Ich war oft in Detroit und habe mich mit dem starken Netzwerk aus Aktivisten getroffen, das sich für Umweltschutz, Bürgerrechte, Wassergerechtigkeit und Sozialhilfeempfänger einsetzt und das Detroit People's Water Board gegründet hat. Sofort fiel mir auf, dass diese grässliche Praxis nicht nur Umweltrassismus war, sie verletzte auch eine der drei Verpflichtungen, die Regierungen mit der Zustimmung zur UN-Resolution über das Menschenrecht auf Wasser eingingen. Die Verpflichtung zum Respekt stellt eindeutig fest, dass eine Regierung ein schon gewährtes Recht nicht beeinträchtigen darf. Wir forderten die UNO zum Einschreiten auf, und 2014 besuchten drei Sonderberichterstatter der Vereinten Nationen Detroit – für Wasser, Wohnen, Nahrung. Sie begutachteten die Lage und berichteten, das »beispiellose Ausmaß« der Wasserabsperrungen verletze die Menschenrechte der Einwohner von Detroit.

Detroit und andere Städte, die unter systembedingten Wasserabsperrungen leiden, wären großartige Kandidaten für einen Blue-Community-Status. Wegen ihrer Versicherung, das Menschenrecht auf Wasser zu schützen und zu propagieren, könnte eine Blue Community niemanden, der seine Rechnung nicht bezahlen kann, das Wasser absperren. Ende März 2019 stellte die Demokratische Partei in Michigan mehrere Gesetze vor, die den Zugang zu Wasser für die arme Bevölkerung sicherstellen sollen. Ein ganz Michigan umfassendes »Bezahlbares-Wasser-Programm« würde den aktuellen Flickenteppich ersetzen, bei dem jede Kommune über ihr Vorgehen selbst entscheidet. Es würde auch Schutzmechanismen schaffen, die für besonders anfällige Bevölkerungsgruppen Wasserabsperrungen verbietet, und es würde einen eindeutigen Vorbescheid verlangen, um Bewohnern bei der Erstellung eines Teilzahlungsplans zu unterstützen. Eine Blue-Community-Kamapagne könnte den Anstoß geben, sich mit dieser schrecklichen Situation zu befassen und nicht nur in Detroit Tausenden von Menschen ohne fließendes Wasser und Sanitärversorgung Hoffnung zu geben.

Das Great Lakes-St. Lawrence River Basin bildet das größte System aus Süßwasserseen und -flüssen auf der Erde. Es umfasst über 20 % des Oberflächen-Süßwassers der Erde und 95 % des Oberflächen-Süßwassers von Nordamerika. Viele der in dieser Region wohnenden Menschen sind besorgt wegen der Auswirkungen der Plastikkrise auf die Seen. Sie wollen sicherstellen, dass die öffentliche Kontrolle über den Zugang zu diesem Wassereinzugsgebiet erhalten bleibt. In einer durstigen Welt werden an das Wasser der

Great Lakes viele Ansprüchen gestellt, und die Menschen, die an ihren Ufern leben, müssen für einen verantwortungsvollen Umgang mit der Ressource sorgen. Seit 2008 arbeiten Gemeindegruppen, Wasseraktivisten und Anwohner daran, die Great Lakes und ihre Zuflüsse als gelebtes Gemeingut auszuweisen, das von allen genutzt, geschützt und nachhaltig verwaltet wird. Sie haben in fünf Sprachen – Englisch, Spanisch, Französisch, Kanyen'kéha und Anishinaabemowin – die Great Lakes Commons Charter Declaration verfasst, die von vielen Organisationen und First Nations befürwortet wird. Das Great Lakes-St. Lawrence River Basin muss von einem juristischen, wissenschaftlichen und politischen Regelwerk geschützt werden, das auf den Prinzipien der öffentlichen Verwaltung basiert. Wenn sich die Kommunen rund um die Seen zu Blue Communities erklären, dann umgibt diese wertvollen Gewässer ein zusätzlicher Schutzwall.

FLOW for Water ist eine Organisation in Traverse City, Michigan, die sich dem Schutz der Great Lakes verschrieben hat. Ihr Gründer, der Rechtsanwalt Jim Olson, die Geschäftsführerin Liz Kirkwood und ihr Team glauben, dass das dauerhafte Konzept des Gemeinguts und die juristischen Grundsätze des Gemeinwohls verbindende und anpassungsfähige Lösungen bieten können, um den systemischen Gefahren für das gesamte Great Lakes Basin zu begegnen. Zu diesen Gefahren werden zunehmende Wasserkonflikte, Flussumleitungen und Auswirkungen des Klimawandels gehören.

FLOW und das Council of Canadians haben gemeinsam eine Musterresolution verfasst (Wortlaut am Ende des Buchs), die zusätzlich zu den drei Grundsätzen einer Blue

Community das Prinzip vertritt, dass Wasser ein Gemeingut ist, das von jeder Kommune für das allgemeine Wohl, die Gesundheit, die Sicherheit und zum Nutzen ihrer Bürger treuhänderisch verwaltet werden muss. Die Resolution postuliert, dass der Schutz des Wassers als Gemeingut die Widerstandskraft der Gemeinde stärken und die Anpassung an Klimawandeleffekte und deren Auswirkungen auf Ökologie und Mensch verbessern wird. Dynamische Graswurzelgruppen und Gemeinden könnten einen Druck erzeugen, der für die Regierenden auf der höheren Ebene ein kraftvoller Anreiz sein kann, auf die Belange ihrer Wähler zu reagieren.

Brasilien

Es gibt eine einzige Blue Community in Brasilien, den Kurort Cambuquira im Bundestaat Minas Gerais. São Lourenço ist ein weiterer Kurort in der Nähe von Cambuquira, einer von vier, die im späten 19. Jahrhundert gegründet wurden, nachdem man dort Mineralwasserquellen mit starken medizinischen Eigenschaften entdeckt hatte. Die Orte wurden berühmt für ihr Heilwasser. Die Menschen kamen aus allen Ecken des Landes, um »Kur zu machen« und die Schönheit der Landschaft zu genießen. So wurde der Tourismus zu einem wichtigen Teil der örtlichen Wirtschaft. In den 1970ern kaufte das französische Unternehmen Perrier den Wasserpark von São Lourenço und modernisierte dessen Flaschenwasseranlage. 1992 kaufte Nestlé Perrier und übernahm die Kontrolle über die Anlage. Einige Jahre später bohrte Nestlé einen neuen 150 Meter tiefen Brunnen, baute eine gewaltige neue Fabrik in den Wasserpark von

São Lourenço und begann dort seine neue Wassermarke abzufüllen – Pure Life. Schon bald wurden jede Stunde 53.000 Liter Mineralwasser aus dem Parkboden gepumpt. Bald jedoch nahmen Menge und Qualität des Mineralwassers ab.

Bürger der Stadt verklagten das Unternehmen, das 2005 die Produktion von Mineralwasser im Park einstellen musste. Gemäß den Auflagen durfte Nestlé zwar weiter Wasser fördern und abfüllen, aber nicht mehr demineralisieren. Dieser Prozess war im Bundestaat Minas Gerais verboten, weil er die chemische Zusammensetzung des übrigen Wassers veränderte. Der Nestlé-Kritiker Franklin Frederick arbeitete damals in São Lourenço für die Brasilianische Bischofskonferenz. Er alarmierte die Bischöfe, die daraufhin zusammen mit der Reformierten Kirche in der Schweiz, wo Nestlé seinen Hauptsitz hat, Druck auf die Firma ausübte. Auf die Nachricht, dass Nestlé vorhabe, Wasserquellen in anderen Kurorten einschließlich ihrer eigenen zu kaufen, baten die Bürger von Cambuquira Frederick um Hilfe. Der schlug vor, sie sollten sich zu einer Blue Community erklären und so die Kommerzialisierung ihres Wassers verhindern. Im Juni 2014 besuchte ich Cambuquira und probierte das Wasser mehrerer Mineralquellen in dem herrlichen, ruhigen Wasserpark. Ich fuhr auch nach São Lourenço, dessen Wasserpark von Nestlés Abfüllanlage beherrscht wurde und in dem ein säuerlicher Geruch in der Luft hing. Der Kontrast zwischen den beiden Orten war erschreckend.

Am 7. Juni 2014 wurde Cambuquira eine Blue Community. Die Zeremonie fand an einem sonnigen, von Vogelgezwitscher erfüllten Tag statt. Die geöffneten Rathausfenster ließen die Luft herein und gaben den Blick in die Gärten frei.

Musik spielte, es wurde gelacht, ein paar Tränen wurden vergossen. Helber Borges, ein junger Aktivist, hatte mich am Flughafen von São Paulo abgeholt und fünf stickige Stunden auf einer dreckigen und verstopften Straße nach Cambuquira gefahren. Jetzt stand er neben mir und ließ seinen Tränen freien Lauf »Oh, Maudii, Maudii!« (so sprach er meinen Namen aus) »Ich bin so glücklich«, sagte er. Ich weinte selbst und sagte, ja, das könne ich sehen. Es war eine schöne Geste, dass Berns Bürgermeister Tschäppät dem Bürgermeister von Cambuquira, Evanderson Xavier, schriftlich gratulierte und ihm seine Solidariät aussprach: »Ich bin zuversichtlich, dass auch andere Gemeinden in Lateinamerika und Europa dem Beispiel von Cambuquira und Bern folgen werden. Wenn wir dem wachsenden Druck zur Privatisierung der Wasserversorgung widerstehen und das Gemeingut Wasser schützen wollen, dann ist es unerlässlich, dass die Welt von einem Netzwerk aus Blue Communities überzogen wird.«

Einen Monat später verbot die brasilianische Gesundheitsbehörde den Verkauf von Nestlés Flaschenwasser aus der Anlage in São Lourenço. Begründung: bakterielle Verunreinigung. Zwei Jahre später gab Nestlé dem ständig wachsendem Druck nach, verlegte die Produktion von Pure Life an einen anderen Standort in Brasilien und verkaufte schließlich im März 2018 alle seine Mineralwassermarken an ein brasilianisches Wasserunternehmen. Aber noch gehört Nestlé der Wasserpark in São Lourenço und man hat einer anderen Firma erlaubt, dort weiter Wasser abzufüllen. Die Proteste gehen weiter. Am Weltwassertag 2018 besetzten 600 Frauen vom Land tagelang die Anlage. Dazu Franklin Frederick: »Man darf nicht vergessen, dass es in der Gegend vier Wasserparks gibt, alle mit makellos reinen, exzellenten Mineralwasserquellen – ein Ziel für die private Flaschenwasserindustrie. Und die wird kommen, ganz sicher.«

Seit Jair Bolsonaros Wahl zum Präsidenten 2019 sind die Wasser- und Menschenrechte in Brasilien stark bedroht. Den Militärdiktaturen früherer Jahre hat er unmissverständlich seine Bewunderung gezollt, er befürwortet die Ressourcenausbeutung und hat den indigenen Völkern Brasiliens und ihrem Land samt Wäldern und Wasser den Krieg erklärt. Wie der indische Geostratege und Autor Brahma Chellaney im Januar 2019 in einem Kommentar für die *Globe and Mail* schrieb, hat Bolsonaro geschworen, die verfassungsmäßigen Garantien für indigenes Land zu widerrufen und den Amazonas-Regenwald für Bauprojekte zu öffnen. In den letzen fünfhundert Jahren, so Chellaney, sei die Zahl der indigenen Bevölkerung in Brasilien von fünf Millionen auf weniger als eine Million geschrumpft. Schon jetzt habe die Zerstörung des Amazonas-Regenwalds eine Klimakatastrophe verursacht, berichtet der führende brasilianische Wissenschaftler Antonio Donato Nobre. Im Süden des Landes habe das Abholzen des Regenwaldes zu den tödlichen Dürren zwischen 2014 und 2017 geführt, da die Feuchtigkeit in der Luft, auch »fliegende Flüsse« genannt, nicht mehr für den nötigen Regen ausgereicht habe.

Bolsonaro muss zu Hause und international Widerstand geleistet werden. Über seine erklärten Absichten mit ihm debattieren zu wollen, käme dem Versuch gleich, mit Donald Trump über seine Entscheidung zu debattieren, einen erklärten Leugner des Klimawandels zum Chef der Umweltschutzbehörde zu ernennen, oder über die von ihm veranlassten drastischen Einschränkungen beim Süßwasserschutz. Der Aufstieg von rechten »Machthabern« in diesen und anderen Ländern ist ein überzeugendes Argument für Aktionen vor Ort und für den Unterschied, den es ausmacht, wo man lebt und arbeitet. Eine Blue-Community-Kampagne in Brasilien wäre gegen die für Mensch und Umwelt verheerenden Pläne Bolsonaros ein kraftvolles Gegenmittel von unten.

Verwundbare Gemeinden

Indigene Völker sind nicht nur in Brasilien gefährdet. Chellaney berichtet, dass sie nur noch 4,5 % der Weltbevölkerung ausmachen. Um ihr angestammtes Land und ihre traditionelle Lebensweise zu bewahren, führen sie regelmäßig verzweifelte Kämpfe gegen Bergbauprojekte, Staudämme und Ölpalmenplantagen, gegen Holzfäller, Rancher, Jäger, Evangelisten und Soldaten. 2007 verabschiedete die UNO die Erklärung der Vereinten Nationen über die Rechte der indigenen Völker, in der ihre unveräußerlichen Rechte einschließlich ihrem sozialen, kulturellen, gemeinschaftlichen, spirituellen und traditionellen Wissen anerkannt werden. Sie erkennt ebenfalls die Schutzwürdigkeit der natürlichen Ressourcen auf ihrem angestammten Territorium an und verlangt »freiwillige und in Kenntnis der Sachlage erteilte vorherige Zustimmung« für jedes Ressourcenprojekt, das die lokale Gemeinde betrifft.

Überall in der Welt konnten Blue-Community-Projekte das unveräußerliche Recht auf Wasser und Sanitärversorgung für indigene Völker stärken, indem sie sie dabei unterstützten, ihre Wasserressourcen gegen Ausbeutung durch

Flaschenwasserunternehmen, Bergbaugesellschaften und private Wasserversorger zu verteidigen. Lokale Gruppen aus Indigenen und Bauern konnten mit anderen Gruppen Blue-Community-Netzwerke bilden und die Kommerzialisierung ihrer Wasserquellen bekämpfen. Kommunen und glaubensbasierte Gruppen, die schon Blue Communities waren, konnten durch die Unterstützung lokaler indigener Gruppen ihr Versprechen einlösen, das Menschenrecht auf Wasser und Sanitärversorgung zu schützen und zu befördern.

Seit die Vereinten Nationen 2010 das Menschenrecht auf Wasser und Sanitärversorgung anerkannt haben, ist es meine sehnliche Hoffnung gewesen, dass Kommunen und für Wassergerechtigkeit eintretende Gruppen diesen Sieg öfter bei ihren Kampagnen nutzen würden. Wie kann man diese Resolution besser Wirklichkeit werden lassen, als wenn wir zur Durchsetzung unserer Rechte ganz unten anfangen? In manchen Städten konnte die Blue-Community-Resolution mit einem Zusatz zum Schutz von nicht registrierten Migranten und Slumbewohnern ergänzt werden.

In Berlin lernte ich einen brillanten jungen Mann kennen, der umweltfreundliche, sichere und wasserlose Toiletten entworfen hat. Sven Riesbeck betrachtet das als seinen Beitrag zum Blue-Community-Projekt. Zusammen mit der Stadt hat er diese Toiletten in Vierteln aufgestellt, wo viele Obdachlose und Migranten leben, und im Rotlichtviertel, damit die Prostituierten eine saubere und sichere Toilette haben. Sein Projekt erreicht auch andere deutsche Städte, er und sein Vater liefern überdies Trockentoiletten nach Indien und Ghana. Riesbeck begründet seinen engagierten Einsatz so: »Jeder Mensch hat das Recht, kostenlos eine saubere Toilette benutzen zu dürfen. Außerdem müssen wir Trinkasser sparen. Warum benutzen wir dann Wasser, um menschliche Exkremente in Flüsse zu spülen und so unsere natürlichen Ressourcen zu verunreinigen? Und warum haben zweieinhalb Milliarden Menschen keinen Zugang zu einer sauberen Toilette? Trockentoiletten sind eine kostengünstige Lösung für viele Menschen, die keinen Zugang zu sauberen Wassertoiletten haben. Wenn wir den Wasserkreislauf schließen, können wir unsere eigenen Nährstoffe als Kompost für die Landwirtschaft wiederverwenden und damit Wasser sparen.«

Randständige und ethnisch benachteiligte Gemeinden werden ebenfalls aktiv und organisieren sich auf Graswurzelebene, um ihre nationalen Regierungen zum Handeln zu zwingen. Die Organisatoren des Blue Planet Project, Meera Karunananthan und Koni Benson, organisierten im Herbst 2018 in Südafrika eine Reihe von Diskussionsrunden, die sich mit dem Wassermangel in Kapstadt beschäftigten. Karunananthan sagt, Südafrika stehe am Scheideweg: Gemeinden, die sich den negativen Konsequenzen von Wassermangel und Klimakrise stellen müssten, kollidierten mit dem neoliberalen, von internationalen Finanzinstitutionen getriebenen Staat, der den Landraub der Konzerne begünstige. An den Diskussionsrunden nahmen an vorderster Front kämpfende Aktivisten, Wissenschaftler und Vertreter zahlreicher lokaler Organisationen teil, die eine Strategie für Wassergerechtigkeit entwarfen, die die ländlichen und städtischen Aspekte beim Kampf ums Wasser in Südafrika zusammenführt. Anhand dieser Strategie werden sie konkrete Alternativen für einen nationalen, von Menschen gesteuerten Plan für Wassergerechtigkeit in Südafrika erstellen.

Viele afrikanische Staaten sind unter dem Druck der Weltbank, der Afrikanischen Entwicklungsbank und sogar der UNO öffentlich-private Partnerschaften eingegangen. In einer Sonderveröffentlichung über Afrika mit dem Titel *Partnerships Giving Africa a New Look* preist die UNO-Hauptabteilung für Globale Kommunikation 2017 private Investitionen auf allen Ebenen öffentlicher Dienstleistungen als Schlüssel für ein »neues« Afrika an. Das Africa-EU Water Partnership Project wurde gestartet, um die Africa Water Vision for 2025 (das wichtigste politische Instrument für die pan-afrikanische Wasserpolitik der Zukunft) in die Tat umzusetzen und die Millenniums-Entwicklungsziele der UNO zu erreichen. Die EU hat sich verpflichtet, mit diesem Vehikel »mehr öffentliches und privates Kapital für Wasser-Infrastrukturprojekte in Afrika verfügbar zu machen.« Mit anderen Worten, die EU unterstützt öffentlich-private Partnerschaften.

Im Sommer 2018 erklärte die südafrikanische Regierung ihre Absicht, 30.000 Beschäftigte des öffentlichen Dienstes zu entlassen und einige staatliche Betriebe zu privatisieren. Viele Bewohner der Townships müssen für Wasser immer noch kilometerweit zu Fuß gehen und benutzen immer noch Eimer als Toiletten. Auf dem Papier mag die Apartheid überwunden sein, im Leben dieser Menschen ist sie immer noch Alltag. Regierungen, die Investitionen von Privatunternehmen in die Wasserversorgung erlauben, zementieren die Rassen- und Klassentrennungen der Vergangenheit, da höhere Preise für lebenswichtige Dienstleistungen nur denen mit höherem Einkommen zugänglich sind.

Regierungen anderer Länder bürden ihren Völkern ebenfalls öffentlich-private Partnerschaften auf. Im Dezember 2018 erließ die Regierung Japans den überarbeiteten Water Supply Act, der für die Wasserversorgung des Landes die Vergabe privater Wasserkonzessionen befürwortet. Zwei große Gewerkschaften des öffentlichen Dienstes lehnten das Gesetz ab, weil es eindeutig beabsichtige, den Betrieb der Wasserversorgung öffentlich-privaten Partnerschaften zu überlassen. In einer scharf formulierten Stellungnahme bemängelte eine der Gewerkschaften, die ZENSUIDO, die fehlende öffentliche Anhörung und die Tatsache, dass hinter den Kulissen Veolia mitgemischt habe, da ihre japanische Tochter bei der Ausarbeitung des Gesetzes eng mit der Regierung zusammengearbeitet habe. Der Gewerkschaftsführer Takeo Nikaido sagte, städtische Wasserwerke seien eine originär öffentliche Infrastruktur, die für das Leben der Bürger unverzichtbar sei. Die Beschäftigten seien stolz darauf, weiterhin sicheres, sauberes Wasser zu liefern, obwohl ihre Zahl in den letzten 40 Jahren von 76.000 auf 45.000 gesunken sei. Weiter sagte er, Japan habe in den letzten Jahren viele schreckliche Katastrophen erlebt und die Beschäftigten der Wasserbetriebe hätten den Menschen bei deren Bewältigung mit ihrer Erfahrung wertvolle Dienste geleistet.

Aber es hat nicht den Anschein, als würde die Regierung ihre Meinung ändern. Die einzig gute Nachricht ist, dass das neue Gesetz auf kommunaler Ebene eingeführt wird, was noch einmal Gelegenheit zum Gegenangriff bietet. In einer Umfrage unter kommunalen Beschäftigten vom April 2019 sprach sich die große Mehrheit gegen die Privatisierung der Wasserversorgung aus und nur 1 % sagte, sie könnten sich auch private Konzessionen vorstellen. Japans Bürger könnten ihre öffentlichen Wasserdienste bewahren, wenn sie Kommitees bildeten und bei ihren Stadtvertretern dafür trommelten, Blue Communities zu werden. Dann könnten sie Privatisierungen abwehren, bevor sie eingeführt würden.

Erste Schritte

In einer Stadt startet man den Blue-Community-Prozess am besten damit, dass eine Gruppe Bürger ihren Stadträten oder städtischen Beamten die Idee vorstellt. Manchmal, wie im Fall von Berlin, existiert so ein Netzwerk schon von früheren Kämpfen gegen die Wasserprivatisierung oder von einem anderen Wasserproblem, vielleicht weil es um die Verschmutzung einer lokalen Wasserquelle ging. Oft beginnt die Gewerkschaft der bei Wasserbetrieben Beschäftigten den Prozess. Trotzdem ist es sehr wichtig, dass jede Koalition oder jedes Netzwerk so breit gefächert wie möglich auftritt. Wenn der Prozess mit einer Gruppe aus der Gemeinde beginnt, dann ist es wichtig, so viele Beschäftigte des öffentlichen Dienstes wie möglich mit ins Boot zu holen. In manchen Fällen – wie in Bern und Paris – kommt der Anstoß von oben, vom Stadtrat oder dem Bürgermeister selbst, aber das ist selten. Im Allgemeinen beginnt es mit einer Graswurzelbewegung, und je umfassender die ist, desto besser. Wichtig ist, dass man sich mit Dokumenten und Musterresolutionen wappnet. Im Anhang habe ich mehrere Beispiele beigefügt. Ich habe auch einen Musterbrief beigefügt, den Blue Communities auf Landes- oder Bundesebene einsetzen können, um für das Menschenrecht auf Wasser und Sanitärversorgung in den oberen Etagen einer Regierung zu werben.

Einen ähnlichen Weg müssen Bildungseinrichtungen einschlagen, die sich dem Blue-Community-Projekt anschließen wollen. Der erste Anstoß könnte von einer Studentengruppe oder -vertretung, von Lehrern oder Professoren kommen. Er könnte sich auch aus einer anderen Aktion auf dem Campus entwickeln – zum Beispiel einer Kampagne gegen Flaschenwasser. Wie sie auch beginnt, von entscheidender Bedeutung sind öffentliche Veranstaltungen auf dem Campus, um Ideen und mögliche Aktionen zu diskutieren. Häufig kämpfen wir gegen Geheimnistuerei und mangelnde Transparernz auf Seiten der privaten Wasserinteressen und manchmal sogar bei den Regierungen. Es ist ausschlaggebend, offen zu debattieren und zu zeigen, dass wir nur das Beste für den Menschen und den Planeten wollen.

Sobald die Initiative an einer Schule oder Uni begonnen hat, sollte man einige konkrete Pläne vorstellen, wie die Einrichtung ihren Blue-Community-Verpflichtungen nachkommen kann. Dazu könnten die Installation von Trinkbrunnen und Wasserspendern gehören oder Einladungen an Gastredner zum Thema globale Wasserkrise und wie der normale Bürger damit umgehen kann.

Ich besuchte die Aktionswoche Wasser an einer Uni in Kalifornien, an der sich zahlreiche Fachbereiche beteiligten. Vom Fachbereich Geschichte erläuterten Studenten die historischen und soziologischen Aspekte im Verhältnis zwischen Mensch und Wasser. Biologie- und Chemiestudenten gaben für fachfremde Kommilitonen Materalien zu den Grundzügen der Wasserwissenschaft heraus. Professoren und Studenten in den Fächern Umwelt und Nachhaltigkeit veranstalteten Diskussionsrunden über Wasserverschmutzung und Klimawandel. Menschenrechtsgruppen wiesen auf Zusammenhänge zwischen Rasse, Klasse und Gender und dem Zugang zu Wasser hin. Der Fachbereich Musik steuerte eine wunderschöne Sinfonie an das Wasser bei. Studenten der englischen Literatur hielten einen Romanwettbewerb zum Thema Wasser ab. Es war eine beglückende Woche.

Mitglieder einer glaubensbasierten Gruppe können ihre Gemeindevorsteher ansprechen. Die Blue-Community-Initiative könnte verknüpft werden mit der Arbeit für Menschenrechte und gegen Armut, in der die Gemeinde möglicherweise schon aktiv ist. Viele glaubensbasierte Gruppen sind stark der ökologischen Gerechtigkeit verpflichtet oder – wie es der Weltkirchenrat ausdrückt – »unserem als gläubige Menschen rechtschaffenen Verhältnis zu Gottes Schöpfung und unseren Mitmenschen, da wir von der ökologischen Unversehrtheit der Erde vollkommenen abhängig sind«. Papst Franziskus sprach in seiner Enzyklika von 2015 vom Klimawandel 12 Mal, aber von Wasser 47 Mal, und erklärte den Zugang zu sicherem Trinkwasser zu einem allgemeinen Menschenrecht. In einer Rede vor dem Weltkirchenrat am 24. April 2017 in Genf rühmte der orthodoxe ökumenische Patriarch Bartholomäus I. sowohl die Arbeit für das Menschenrecht auf Wasser wie auch die Bedeutung des Blue-Community-Projekts.

Obwohl dies angesichts der schieren Zahl an Menschen, die christliche Kirchen erreichen können, wichtige und spannende Wege der Annäherung sind, so ist es entscheidend, dass sich die Blue-Community-Bewegung auch um Akzeptanz von anderen Religionen bemüht.

Ich erinnere mich an eine internationale Kampagne

Ende der 1990er Jahre, die sich gegen ein besonders destruktives Freihandelsabkommen namens Multilaterales Abkommen über Investitionen (MAI) richtete. Wir haben uns erfolgreich dagegen gewehrt, was nicht zuletzt ein Verdienst der Aktionen auf Graswurzelebene gewesen ist. In Kanada haben wir nicht nicht nur Dutzende von Stadtverwaltungen dafür gewonnen, sich in Resolutionen als MAI-freie Zonen zu erklären, sondern konnten auch in kleinere Zuständigkeitsbereiche vordringen. In Bibliotheken, Seniorenheimen und Gemeindezentren prangten Aufkleber und wurden Informationsbroschüren über den Deal an jeden verteilt, der diese Einrichtungen betrat. Zu der Zeit, als die Regierung den Deal kippte, gab es nach meiner Zählung über 600 MAI-freie Zonen allein in Kanada.

Zentrale Organisationen oder Netzwerke, die den Prozess innerhalb eines Landes beaufsichtigen können, sind hilfreich. In Kanada sind das das Council of Canadians, die Canadian Union of Public Employees und Eau Secours. Im Allgemeinen sind unsere Aktivisten vor Ort diejenigen, die das anstehende Problem bei ihrer Stadtverwaltung ansprechen. In der Schweiz sind es die Reformierte Kirche und ihre Blue-Community-Koordinatorin Lisa Krebs, in Deutschland Christa Hecht durch ihre Allianz der öffentlichen Wasserwirtschaft e.V. Auf internationaler Ebene koordiniert das Blue Planet Project die Blue Communities und vergibt die Zertifikate.

Wir ermutigen Menschen oder Organisationen – wir nennen sie unsere Blue Community Ambassadors – zusammen mit uns in ihrem Wahlkreis oder ihrer Gemeinde für unseren Traum zu werben. Im Dezember 2018 wurde ich nach Stockholm eingeladen, um im Rahmen der Nobelpreis-

Veranstaltungen zum Thema Wasser zu sprechen. Dort lernte ich die wunderbaren Menschen vom Right Livelihood Award kennen – auch bekannt als Alternativer Nobelpreis. Sie boten mir ihre Organisation als Blue Community Ambassador an, um mit ihrer riesigen Gemeinde aus einflussreichen Aktivisten für soziale Gerechtigkeit und Menschenrechte unsere Botschaft zu verbreiten.

Unser nächster Schritt muss sein, die verschiedenen Gruppen und Ambassadors des Blue-Community-Projekts zu verknüpfen, denn sie besitzen das gewaltige Potenzial, eine gemeinsame Sache in die Welt zu tragen.

NACHWORT
EINEN GROSSEN TRAUM TRÄUMEN

Die längste Zeit meines erwachsenen Lebens habe ich damit verbracht, mir mehr Wissen über Wasser anzueignen und darüber Sorgen zu machen, was wir Menschen dem Wasser antun. Dabei habe ich viele Tiefen und einige sehr schöne Höhen erlebt. Und ich habe außerdem eine Wahrheit entdeckt, die kraftvoller nicht sein kann: Die Welt wird nur von unten nach oben verändert, von Menschen, die in ihren eigenen Gemeinden für das kämpfen, was ihnen am Herzen liegt. Oder wie es das Motto von Food & Water Watch ausdrückt: »Fight like you live here.« Die Welt benötigt eine neue Wasserethik, und wir müssen uns bei politischen Entscheidungen, bei der Produktion unserer Energie, beim grenzüberschreitenden Handel und beim Anbau unserer Lebensmittel die Frage stellen: Welche Auswirkungen hat das auf das Wasser und die Wassergerechtigkeit? Und wenn die Antwort negativ ausfällt, müssen wir wieder von vorn anfangen. Um zu erfahren, was funktioniert und was nicht, müssen wir zurück zu den Graswurzeln. Niemand kennt die Lage vor Ort so wie die Menschen, die dort leben und ihre Gemeinde lieben, und an sie müssen wir uns wenden, um das Wasser der Welt zu bewahren.

Emma Lui hofft, dass die weltweite Ausdehnung des Blue-Community-Projekts die Möglichkeit eröffnet, die Menschen über das angestammte indigene Land, auf dem sie leben, und über die Rechte auf ihre lokalen Wasserwege zu informieren. Sie sagt, die Zusammenarbeit zum Schutz des Wassers schaffe Bindungen, die Entfernung, Alter, Erziehung und Herkunft überwinden und eine frische Gelegenheit für Gemeinschaft und Soldarität bieten. Meera Karunananthan hofft, dass Blue Communities nicht als isolierte Projekte betrachtet werden, sondern als Teil eines umfassenderen Prozesses, durch den Städte die Exzesse des neoliberalen Kapitalismus hinter sich lassen und wieder für die Menschen da sein können, die sie gebaut haben und die in ihnen leben. Wasser und Sanitärversorgung, die sicher und sauber sind und unterschiedslos für alle aus öffentlicher Hand kommen, sind grundlegende Bedingungen für ein gesundes und sicheres Leben in Würde.

Zum zehnten Geburtstag der Blue Communities ist es meine Hoffnung und mein Traum, dass das Projekt uns einen kann in unserem Streben nach einem ehrlichen und gerechten Umgang mit Wasser.

DANKSAGUNGEN

Das Blue-Community-Projekt und dieses Buch sind das Ergebnis harter Arbeit von mehr Menschen, als ich hier nennen kann. Aus ganzem Herzen danke ich den wunderbaren Wasseraktivisten überall auf der Welt. Wir haben eine starke Bewegung geschaffen, deren Zeit gekommen ist und deren Kampf für Wassergerechtigkeit nicht mehr aufzuhalten ist.

Ich danke dem Team des Council of Canadians, Leo Broderick und dem Vorstand, dass ich diese Arbeit erledigen durfte. Ein besonderer Dank geht an Emma Lui, der nationalen Wasseraktivistin des Council of Canadians; an Meera Karunananthan, der Direktorin des Blue Planet Project unter dem Dach des Council of Canadians; und an Pam Woolridge, Kommunikationsmanagerin beim Council of Canadians – sie alle waren mir bei der Recherche und der Umsetzung des Projekts selbst eine große Hilfe. Meine Assistentin Kathie Cloutier ist ein Fels. Dank auch an Paul Moist und andere Freunde von der Canadian Union of Public Employees, die vor einem Jahrzehnt mit uns zusammen diesen Traum haben wahr werden lassen, und an Alice-Anne Simard und ihr Team von Eau Secours, die in Quebec großartige Arbeit leisten. Viele Verbündete in aller Welt, die zu zahlreich sind, sie alle hier aufzuführen, finden sich in den Seiten dieses Buches. Ich danke euch allen.

Für die finanzielle Unterstützung des Blue Planet Project bin ich Ellen Dorsey und der Wallace Foundation zu tiefem Dank verpflichtet. Einmal mehr danke ich meiner brillanten und geduldigen Lektorin Susan Renouf und dem großartigen Team von ECW Press.

Und wie immer bedanke ich mich bei Andrew und meiner Familie. Für euch mache ich das gerne.

ANHANG
MUSTERDOKUMENTE

*Es kann entmutigen, wenn man seinem Dorf oder seiner Stadt hel-
fen will, eine Blue Community zu werden, und nicht weiß, wie man
das anfangen soll. In diesem Kapitel finden Sie Muster für Briefe
und Resolutionen, die andere Aktivisten in ihren Kampagnen verwendet haben. Es sind Ideen, die Sie als Leitlinien für eigene Briefe
und Resolutionen verwenden können. Aber es sind nur Anregun-
gen. Jede Gemeinde ist anders, und es ist wichtig, dass die Texte die
Bedürfnisse und Anliegen der eigenen Gemeinde widerspiegeln.*

Anerkennung des Menschenrechts auf Wasser und Sanitärversorgung

ANGESICHTS DER TATSACHE, dass fast zwei Milliarden Menschen auf der Erde keinen Zugang zu sauberem Trinkwasser haben, vier Milliarden Menschen mit massivem Wassermangel kämpfen, 2,5 Milliarden Menschen keine angemessene Sanitärversorgung haben; und ...

ANGESICHTS DER TATSACHE, dass indigene und ethnisch benachteiligte Gemeinden unverhältnismäßig unter fehlendem Zugang zu sicherem Wasser und sicherer Saintärversorgung leiden; und ...

ANGESICHTS DER TATSACHE, dass am 28. Juli 2010 die Generalversammlung der Vereinten Nationen eine Resolution verabschiedete, die das Menschenrecht auf Wasser und Sanitärversorgung anerkennt; und ...

ANGESICHTS DER TATSACHE, dass am 23. September 2011 der UN-Menschenrechtsrat eine Resolution über das Menschenrecht auf sicheres Trinkwasser und Sanitärversorgung verabschiedete und die Regierungen aufforderte, konkrete Maßnahmen zu ergreifen, um Aktionspläne zu entwickeln, Kontroll- und Rechenschafts-Mechanismen zu schaffen und kostengünstige Wasserdienstleistungen für alle sicherzustellen; und ...

ANGESICHTS DER TATSACHE, dass das Menschenrecht auf Wasser und Sanitärversorgung direkt mit dem Recht auf Gesundheit verknüpft ist und dies von der UNO anerkannt ist; und ...

ANGESICHTS DER TATSACHE, dass das Menschenrecht auf Wasser und Sanitärversorgung eine von drei erforderlichen Maßnahmen ist, um [Name der Kommune] zur Blue Community zu erklären,

FORDERN WIR, dass [Name der Kommune] Wasser und Sanitärversorgung als grundlegende Menschenrechte begreift und bejaht.

WEITER FORDERN WIR, dass [Name der Kommune] darauf verzichtet, in Wohnungen oder Häusern, deren Bewohner ihre Rechnung nicht bezahlen können, Wasser- und Abwasserdienste zu sperren, und dass [Name der Kommune] jede Anstrengung unternimmt, um zusammen mit dem Bewohner einen Entschuldungsplan zu erstellen.

WEITER FORDERN WIR, dass [Name der Kommune] die Regierungen in Bund, Land, Bezirk und Kreis auffordert, das Menschenrecht auf Wasser und Sanitärversorgung in den Gesetzen von Bund, Land, Bezirk und Kreis zu verankern.

WEITER FORDERN WIR, dass [Name der Kommune] die Bundesregierung auffordert, einen nationalen Aktionsplan zur Umsetzung des Menschenrechts auf Wasser und Sanitärversorgung zu erstellen.

Förderung von Wasser- und Abwasserdiensten, die im Besitz der öffentlichen Hand sind und von dieser finanziert und betrieben werden.

ANGESICHTS DER TATSACHE, dass die öffentliche Gesundheit von gleichberechtigtem Zugang zu Trinkwasser und Sanitärsystemen abhängig ist; und ...

ANGESICHTS DER TATSACHE, dass im vergangenen Jahrhundert der öffentliche Besitz und Betrieb von Trinkwasser- und Abwasserreinigungssystemen grundlegend für den Zugang zu Wasser und dessen Qualität war; und ...

ANGESICHTS DER TATSACHE, dass [Name der Kommune] sich verpflichtet hat, Wasser- und Abwassersysteme vor den Folgen von Privatisierung durch »öffentlich-private Partnerschaften« zu schützen, die einhergehen mit

– fehlender Transparenz und öffentlicher Haftung
– erhöhten Kosten
– höheren Nutzungsgebühren
– jahrzehntelangen Verträgen, die die Möglichkeiten von Politik und zukünftigen lokalen Regierungen einschränken
– internationalen Handelsverträgen, die privaten Wasserunternehmen das Klagerecht gewähren, wenn Kommunen ihre Wasserdienste in die öffentliche Hand überführen wollen; und ...

ANGESICHTS DER TATSACHE, dass die Privatisierung von kommunalen Wasser- und Abwassersystemen und -diensten durch öffentlich-private Partnerschaften oder durch Auslagerung an private Unternehmen Wasser in eine Handelsware verwandelt, die mit Gewinn verkauft werden kann; und ...

ANGESICHTS DER TATSACHE, dass die Bundesregierung dringend erforderliche Verbesserungen der Abwasserstandards verlangt und so eine Situation entsteht, die eine Privatisierung ermöglichen könnte, wenn nicht eine gezielte Finanzierung der öffentlichen Infrastruktur zur Modernisierung von Kläranlagen vorgenommen wird; und ...

ANGESICHTS DER TATSACHE, dass der Erhalt von öffentlicher Wasser- und Abwasserinfrastruktur eine von drei erforderlichen Maßnahmen ist, um [Name der Kommune] zur Blue Community zu erklären,

FORDERN WIR, dass [Name der Kommune] sich jeder Form der Privatisierung widersetzt – einschließlich öffentlich-privater Partnerschaften oder kurzfristiger Verträge – und beschließt, dass die Wasser- und Abwasserinfrastruktur im Besitz der öffentlichen Hand verbleibt und von dieser finanziert, betrieben und verwaltet wird.

WEITER FORDERN WIR, dass [Name der Kommune] sich bei der Bundesregierung dafür einsetzt, dass diese ihre Verpflichtung erfüllt, die kommunale Infrastruktur zu unterstützen, damit diese in einen nationalen Wasser- und Abwasserinfrastrukturfonds investiert, der dem wachsenden Bedarf gerecht wird, die bestehende Wasser- und Abwasserinfrastruktur zu erneuern und neue Systeme zu bauen, und dass nur öffentliche Projekte finanziert werden.

WEITER FORDERN WIR, dass [Name der Kommune] diese Resolution an alle Mitglieder des Deutschen Städtetages weitergibt.

Sofortiges oder schrittweises Verbot des Verkaufs von Flaschenwasser in kommunalen Einrichtungen und bei kommunalen Veranstaltungen

ANGESICHTS DER TATSACHE, dass [Name der Kommune] ein geregeltes und hochentwickeltes Wasseraufbereitungs- und Vertriebssystem betreibt und instand hält und einige der strengsten Wasserqualitätsanforderungen der Welt einhält; und ...

ANGESICHTS DER TATSACHE, dass die behördlichen Vorschriften zur Überwachung der Wasserqualität bei Flaschenwasser nicht so streng sind wie die von [Name der Kommune] geforderten; und ...

ANGESICHTS DER TATSACHE, dass Wasser in Einwegflaschen in [Name der Kommune] bis zu 3.000 Mal teurer ist als Leitungswasser und Flaschenwasser auch aus kommunalen Wassersystemen stammen kann; und ...

ANGESICHTS DER TATSACHE, dass Ressourcengewinnung, Verpackung und Vertrieb von Flaschenwasser unnötige Auswirkungen auf Luftqualität und Klimawandel hat, unnötige Ressourcen wie Öl bei der Produktion von Plastikflaschen und Benzin beim Transport von Flaschenwasser zum Konsumenten verbraucht und unnötige Kosten für Recycling und Abfallbeseitigung verursacht; und ...

ANGESICHTS DER TATSACHE, dass das Leitungswasser aus [Name der Kommune] sicher und gesund und für Bewohner und Besucher zugänglich, in den meisten öffentlichen Gebäuden leicht erhältlich und bedeutend nachhaltiger ist als Flaschenwasser; und ...

ANGESICHTS DER TATSACHE, dass Flaschenwasser bei nicht vorhandenem kommunalen Leitungswasser eine angemessene Alternative sein kann; und ...

ANGESICHTS DER TATSACHE, dass das sofortige oder schrittweise Verbot des Verkaufs von Flaschenwasser in kommunalen Einrichtungen und bei kommunalen Veranstaltungen eine von drei erforderlichen Maßnahmen ist, um [Name der Kommune] zur Blue Community zu erklären,

FORDERN WIR, dass dort, wo kommunales Leitungswasser zugänglich ist, Folgendes verboten oder schrittweise bis [Jahr] verboten wird: der Verkauf von Wasser in Einwegflaschen in kommunalen Einrichtungen, an Verkaufsständen, die sich im Besitz der Kommune befinden oder von ihr betrieben werden, durch Verkaufsautomaten in öffentlichen Einrichtungen; und ...

WEITER FORDERN WIR, dass bei kommunalen Konferenzen und Veranstaltungen, wo kommunales Wasser zugänglich ist, kein Wasser in Einwegflaschen mehr verkauft oder angeboten wird; und ...

WEITER FORDERN WIR, dass bei von der Stadt organisierten Konferenzen und Veranstaltungen verstärkt Wasserkaraffen mit kommunalem Wasser zur Verfügung gestellt werden; und ...

WEITER FORDERN WIR, dass ein Stab eingerichtet und eine Aktionswoche veranstaltet wird, die die Grundgedanken dieser wichtigen Veränderungen publik machen; und ...

WEITER FORDERN WIR, dass ein Stab für die Umsetzung der Maßnahmen einen detaillierten Zeitplan erarbeitet, einschließlich eines Gutachtens über den Zugang von Leitungswasser in kommunalen Einrichtungen; und ...

WEITER FORDERN WIR, dass ein Stab in regelmäßigen Abständen einen Fortschrittsbericht erstellt.

MUSTERBRIEF AN BUNDESREGIERUNG

Die Bewegung zur Anerkennung und Wahrung des Menschenrechts auf Wasser und Sanitärversorgung erfasst immer mehr Gemeinden. Diese benötigen jedoch Führung durch den Bund. Blue Communities verpflichten sich, ihre Bundesregierung aufzufordern, Aktionspläne zur Umsetzung des Menschenrechts auf Wasser und Sanitärversorgung zu entwickeln. Sobald sich eine Kommune zur Blue Community erklärt hat, kann der Bürgermeister diesen Musterbrief individuell ausgestalten und an die Bundesregierung schicken.

Sehr geehrte/r Frau/Herr Umweltminister/in
[Name des Ministers/ der Ministerin]

Seit kurzem ist [Name der Kommune] eine Blue Community. Eine Blue Community gibt sich einen Ordnungsrahmen, der Wasser als Gemeingut begreift und sich zu drei Prinzipien bekennt:

1. Die Anerkennung von Wasser und Sanitärversorgung als Menschenrecht

2. Die Befürwortung von Wasser- und Abwasserdiensten im Besitz der öffentlichen Hand und von dieser finanziert und betrieben

3. Das Verbot von Flaschenwasser in öffentlichen Einrichtungen und bei kommunalen Veranstaltungen

Der Ordnungsrahmen begreift Wasser als ein Gemeingut, das der Verantwortung aller unterliegt. Wasser ist wesentlich für unser Leben, deshalb muss es nach Prinzipien und mit Strategien verwaltet werden, die es ermöglichen, dass es vernünftig genutzt, gleich verteilt und verantwortungsvoll behandelt wird, um es für die Natur und zukünftige Generationen zu bewahren.

Am 28. Juli 2010 hat eine überwältigende Mehrheit von 122 Ländern eine Resolution verabschiedet, die Wasser und Sanitärversorgung als Menschenrecht anerkennt. Seitdem hat der UN-Menschenrechtsrat zwei Resolutionen verabschiedet, in denen Regierungen aufgefordert werden, umfassende Pläne und Strategien zur Realisierung dieses Rechts zu entwerfen, die Umsetzung der Aktionspläne zu begutachten, bezahlbare Wasser- und Sanitärdienstleistungen für jedermann sicherzustellen sowie Rechenschafts-Mechanismen und Rechtsmittel zu schaffen.

Wir applaudieren der Regierung von [Name des Landes], die auf der Konferenz der Vereinten Nationen über nachhaltige Entwicklung (Rio+20) im Juni 2012 das Menschenrecht auf Wasser und Sanitärversorgung unterstützt hat. Um die Resolutionen mit Leben zu füllen, bitten wir die Bundesregierung dringend, das Menschenrecht auf Wasser und Sanitärversorgung in Bundesgesetzen zu verankern und einen Aktionsplan zu deren Umsetzung zu entwickeln.

Als Teil des Blue-Community-Projekts lehnt unsere Kommune die Privatisierung von Wasser- und Abwasserdiensten ab – auch die durch öffentlich-private Partnerschaften.

Um die kommunale Infrastruktur zu unterstützen, bitten wir die Regierung dringend, in einen nationalen Wasser- und Abwasserfonds zu investieren, der dem wachsenden Bedarf der Kommunen zum Unterhalt und zur Verbesserung ihrer Wasser- und Abwassersysteme gerecht werden kann. Wir rufen die Regierung von [Name des Landes] auf, die Autonomie der Kommunen zu respektieren und die benötigten Infrastrukturmittel ohne Bedingungen bereitzustellen. Die transparenteste und kostengünstigste Methode, die Infrastruktur zu finanzieren, ist die, dass sie in öffentlicher Hand verbleibt und von dieser finanziert und betrieben wird. Wir bitten die Regierung, die Anstrengungen von Dörfern und Städten zu unterstützen, damit deren Wasser- und Abwasserdienste öffentlich betrieben werden können.

Um unsere Wasserressourcen schützen und sauberes, sicheres Trinkwasser genießen zu können, bitten wir die Bundesregierung dringend, die Gesetzgebung zur Anerkennung des Menschenrechts auf Wasser und Sanitärversorgung voranzutreiben, nationale und einklagbare Trinkwasserstandards einzuführen und in die öffentliche Wasser- und Trinkwasserinfrastruktur der Kommunen zu investieren.

Hochachtungsvoll,

MUSTERRESOLUTION FÜR EINE
indigene Blue Community

Diese Resolution für First-Nations-Gemeinden in Kanada ist von ih-nen selbst verfasst worden, kann aber an die Situation anderer indi-gener Gemeinden in anderen Ländern angepasst werden.

ANGESICHTS DER TATSACHE, dass fast zwei Milliarden Menschen auf der Erde keinen Zugang zu sauberem Trinkwasser haben, vier Milliar-den Menschen mit massivem Wassermangel kämpfen, 2,5 Milliar-den Menschen keine angemessene Sanitärversorgung haben; und ...

ANGESICHTS DER TATSACHE, dass indigene Gemeinden – die First Na-tions, Métis und Inuit – unverhältnismäßig unter fehlendem Zu-gang zu sicherem Wasser und sicherer Sanitärversorgung leiden; und ...

ANGESICHTS DER TATSACHE, dass das National Engineering Assessment von 2011, eine von der kanadischen Regierung in Auftrag gegebe-ne Studie zum Zustand der Wasser- und Abwassersysteme der First Nations, herausfand, dass 73 % der Wassersysteme ein mitt-leres bis hohes Gesundheitsrisiko darstellten; und ...

ANGESICHTS DER TATSACHE, dass bei den First Nations üblicherweise mehr als 100 Trinkwasserwarnungen in Kraft sind und deshalb die Menschen nicht aus dem Wasserhahn trinken können, und dass die Hälfte der Gemeinden seit über fünf Jahren und etliche seit über zehn Jahren mit Trinkwasserwarnungen leben müssen; und ...

ANGESICHTS DER TATSACHE, dass am 28. Juli 2010 die Generalversamm-lung der Vereinten Nationen eine Resolution verabschiedete, die das Menschenrecht auf Wasser und Sanitärversorgung aner-kennt; und ...

ANGESICHTS DER TATSACHE, dass am 23. September 2011 der UN-Menschenrechtsrat eine Resolution über das Menschenrecht auf sicheres Trinkwasser und Sanitärversorgung verabschiedete und die Regierungen aufforderte, konkrete Maßnahmen zu ergreifen durch:

– die Entwicklung von Aktionsplänen;
– die Schaffung von Kontroll- und Rechenschaftsmechanismen, die eine kostenlose, effiziente, sinnvolle und nicht-diskriminierende Teilhabe für alle Menschen und Gemeinden ermöglicht;
– die Sicherstellung bezahlbarer Dienste für alle;
– die Bereitstellung eines Ordnungsrahmens mit adäquaten Kontrollmechanismen und Rechtsmitteln; und ...

ANGESICHTS DER TATSACHE, dass Flaschenwasser bei fehlendem Zugang zu Trinkwasser zwar in vielen First Nations regelmäßig als Zwischenlösung genutzt wird, aber keine nachhaltige oder kostengünstige Lösung ist; und ...

ANGESICHTS DER TATSACHE, dass der Safe Drinking Water for First Nations Act notwendige und hohe Standards für Trinkwasser festsetzt, aber ohne adäquate Finanzmittel und ohne die freiwillige und in Kenntnis der Sachlage erteilte vorherige Zustimmung durch die indigenen Gemeinden verabschiedet wurde, und deshalb indigene Gemeinden gezwungen sein könnten, über den P3 Canada Fund (öffentlich-private Partnerschaften) an Geldmittel zu gelangen,

FORDERN WIR, dass [Name der indigenen Gemeinde] Wasser und Sanitärversorgung als grundlegende Menschenrechte begreift und bejaht.

WEITER FORDERN WIR, dass [Name der indigenen Gemeinde] sich jeder Form der Privatisierung – einschließlich öffentlich-privater Partnerschaften – von Wasser- und Abwasserdiensten widersetzt, diese im Besitz der Gemeinde bleiben und von dieser finanziert, betrieben und verwaltet werden.

WEITER FORDERN WIR, dass [Name der indigenen Gemeinde] die Bundesregierung auffordert, die im National Engineering Assessment verlangten 4,7 Milliarden Dollar für Wasser- und Abwasserinfrastruktur den First Nations zuzuweisen und adäquate Finanzmittel bereitzustellen ohne die Bedingung, eine öffentlich-private Partnerschaft einzugehen; und ...

WEITER FORDERN WIR, dass Flaschenwasser nicht verkauft werden darf in Einrichtungen oder bei Veranstaltungen von [Name der indigenen Gemeinde], wenn Trinkwasser erhältlich ist; und ...

WEITER FORDERN WIR, dass das Oberhaupt und der Rat von [Name der indigenen Gemeinde] diese Resolution an die Versammlung der First Nations weiterleitet mit der Maßgabe, sie allen First Nations zukommen zu lassen; und ...

WEITER FORDERN WIR, dass [Name der indigenen Gemeinde] die Bundes- und Provinzregierungen auffordert, das Menschenrecht auf Wasser und Sanitärversorgung in Bundes- bzw. Provinzegesetzen zu verankern; und ...

WEITER FORDERN WIR, dass [Name der indigenen Gemeinde] die Regierung von Kanada auffordert, einen nationalen Aktionsplan zur Umsetzung des Menschenrechts auf Wasser und Sanitärversorgung zu entwickeln.

der Great Lakes als öffentlichem Gut

Diese Musterresolution thematisiert die Probleme, ein Wasserein-zugsgebiet als Teil eines Gemeinguts zu betrachten. Die Resolution ist aus der Perspektive der amerikanischen Bundesstaaten verfasst, die an die Great Lakes angrenzen, kann aber als Vorlage für Wasser-einzugsgebiete auf der ganzen Welt dienen.

ANGESICHTS DER TATSACHE, dass die Menschenrechte auf Wasser und Sanitärversorgung sowie auf Gesundheit durch die Vereinten Na-tionen anerkannt sind und das Recht auf Gesundheit von den Ge-richten gemäß der Verfassung der Vereinigten Staaten von Ame-rika geschützt ist; und ...

ANGESICHTS DER TATSACHE, dass die Gewässer des Great Lakes Basin als wertvolle Wasserressource und öffentliches Gut anerkannt sind, was bedeutet, dass Wasser für die bloße Existenz, die Ge-sundheit und die Ernährung des Menschen, für die Pflanzen und Tiere, die auf oder am Wasser leben, von wesentlicher Bedeutung ist und deshalb von Generation zu Generation für das Gemein-wohl geschützt werden muss; und ...

ANGESICHTS DER TATSACHE, dass sich in den Great Lakes 20 % des Ober-flächen-Süßwassers der Erde und 95 % des Oberflächen-Süßwas-sers der Vereinigten Staaten sammeln und nur 1 % davon erneu-erbar ist, und ...

ANGESICHTS DER TATSACHE, dass die Gewässer und Flussniederungen von den acht an den Great Lakes liegenden Bundesstaaten als öf-fentliches Gut zur Nutzung und Freude ihrer jetzigen und zukünf-tigen Bürger verwaltet werden; dass die Bundesstaaten als Sach-walter gegenüber der Öffentlichkeit dauerhaft verantwortlich sind und als Nutznießer die Flussniederungen und Gewässer verwalten müssen, um Umweltverschmutzung oder Wertminderung zu verhüten, um Wasser und natürliche Ressourcen zu schonen und um die grundlegenden Rechte der Öffentlichkeit zu gewährleisten – auf Schifffahrt, Handel und Trinkwasser, auf Nahrung, Erholung und ökologischen Wert, um jagen, schwimmen und fischen zu können; und ...

ANGESICHTS DER TATSACHE, dass der Klimawandel die größte Wasserumleitung aus den Great Lakes verursacht, die Wassertemperatur und die Wasserstände erhöht und die Sicherheit, die Gezeiten und die Gesundheit unserer Great Lakes bedroht; und ...

ANGESICHTS DER TATSACHE, dass die Anerkennung der Great Lakes als öffentliches Gut eine von vier erforderlichen Maßnahmen ist, um [Name der Kommune] zur Blue Community zu erklären,

FORDERN WIR, dass Wasser ein Gemeingut und eine öffentliche Ressource ist, die von [Name der Kommune] als öffentliches Gut für die Gesundheit und Sicherheit, das Gemeinwohl und den Nutzen seiner Bewohner und Bürger verwaltet wird; dass der Schutz von Wasser als Gemeingut die Stabilität der Gemeinde und die Anpassung an die Folgen von Klimaveränderungen sowie ökologischen und menschlichen Einflüssen fördert; dass [Name der Kommune] für seine Bürger durch seine Entscheidungen und Handlungen sicherstellt: die qualitative und quantitave Unversehrtheit der natürlichen Gewässer und der öffentlichen Wasserversorgung vor Verschmutzung, Wertminderung, Verschwendung, Veräußerung für vorrangig private (im Gegensatz zu öffentliche) Zwecke, Einflussnahme und Kontrolle.

WEITER FORDERN WIR, dass [Name der Kommune] auch die Regierung des Bundesstaats auffordert, für die Verwaltung der Great Lakes und die langfristige Bewahrung der natürlichen Ressourcen die

Grundsätze des Gemeinwohls anzuwenden, die vorrangigen Interessen der Öffentlichkeit über Privatinteressen zu stellen und die entsprechenden gemeinrechtlichen Gesetze zum Schutz dieser Gewässer und zum Nutzen jetziger und zukünftiger Generationen anzuwenden.

DIE AUTORIN:

Maude Barlow ist die weltweit führende Aktivistin zum Thema Wasser; als Erste wirkte sie darauf hin, Wasser als Menschenrecht in der UN-Charta zu verankern. Sie leitet den Council of Canadians sowie Food and Water Watch in Washington, ist Mitglied im World Future Council, wirkte als Beraterin der UN und wurde mit internationalen Preisen wie dem Right Livelihood Award und dem EarthCare Award ausgezeichnet. In Deutschland wurde sie durch ihr mit Tony Clarke geschriebenes Buch *Blaues Gold* bekannt. Maude Barlow lebt in Ottawa, Ontario.

Der Verlag dankt dem Canada Council for the Arts und dem
Canadian Department of Foreign Affairs and International Trade
für die Förderung der Übersetzung.

Canada Council   Conseil des arts
for the Arts   du Canada

Umschlaggestaltung: Heidi Sorg und Christof Leistl
Typografie + Satz: frese-werkstatt, München
Druck und Bindung: Pustet, Regensburg
ISBN 978-3-95614-390-8